I0163599

Guillén de Castro

El mejor esposo

Barcelona **2024**
Linkgua-ediciones.com

Créditos

Título original: El mejor esposo.

© 2024, Red ediciones S.L.

e-mail: info@linkgua.com

Diseño de cubierta: Michel Mallard

ISBN rústica: 978-84-9816-806-8.
ISBN ebook: 978-84-9953-111-3.

Cualquier forma de reproducción, distribución, comunicación pública o transformación de esta obra solo puede ser realizada con la autorización de sus titulares, salvo excepción prevista por la ley. Diríjase a CEDRO (Centro Español de Derechos Reprográficos, www.cedro.org) si necesita fotocopiar, escanear o hacer copias digitales de algún fragmento de esta obra.

Sumario

Brevísima presentación

La vida

Guillén de Castro (Valencia, 1569-Madrid, 1631). España.

Fue capitán de caballería, gobernador de Scigliano en Nápoles y en Madrid secretario del marqués de Peñafiel. Muy cercano a Lope de Vega, formó parte de la Academia de los nocturnos. El teatro de Guillén de Castro se caracteriza por su técnica sobria y una hábil versificación, el drama psicológico y la complejidad emotiva. Murió en la pobreza. Castro pereneció a la Academia de los nocturnos, la única academia que publicó en actas los poemas discutidos durante sus reuniones semanales y que radicó en Valencia entre 1591 y 1593.

Personajes

María, Virgen
José, Esposo
Joaquín
Ana
El Sumo Sacerdote de Jerusalén
Dos Levitas
Isabel
Zacarías
El Niño Jesús
Seis Mancebos de la tribu de Judá
Efraín e Isacar, criados
Ismael
Abder
El ángel San Gabriel
Enaín, zagal
Dos Doncellas
Otro zagal
Afrodisio, sacerdote
Tres Pastores
Tres Bandoleros
Un Capitán
Cuatro Escribas
Dos Hebreos
Dos Hebreas
Augusto, César
Senadores romanos
Capitán de Augusto
Una Sibila
Una Voz
Acompañamiento

Jornada primera

(Salen el Sumo Sacerdote, dos Levitas, Joaquín y Ana por una puerta, y por otra, María, arrodillándose delante del Sumo Sacerdote, y él la levanta.)

Sacerdote   Hija, levantaos.

María   Señor,
                   primero me da la mano.

Sacerdote   Todo el cielo soberano
                   os bendiga en su Creador.
                   A vuestros padres hablad.

María   Sí haré, si me dais licencia,
                   que hasta agora la obediencia
                   detuvo la voluntad.
                   ¡Padres del alma!

Joaquín   ¡María!
                   De contento, estoy sin mí;
                   dichoso el ser que te di,
                   dichosa la vejez mía;
                   dichosa plata en mis canas,
                   pues reverbera en tus ojos,
                   dando glorias por despojos
                   tan tiernas y soberanas.
                   ¡Bendita de tal criatura
                   el Criador; bendito el ser
                   que merecí para ser
                   instrumento desta hechura!
                   ¡Gloriosas, dignas hazañas
                   de la potencia infinita!

Ana	¡Dichosa sea y bendita la sangre de mis entrañas, que pudo ser de provecho para darte vida en mí, y la leche que te di, más del alma que del pecho! ¡Benditos dichosos brazos donde te vi como aurora del Sol, por quien son agora sombra alegre y tiernos lazos!
María	Yo, padres, soy tan dichosa, que con la humildad que sigo, en vuestras bocas bendigo esa pasión amorosa y como tierno milagro de vuestras entrañas puras al Señor de las alturas la dedico y la consagro.
Sacerdote	Pues llegó el dichoso día que dio a vuestra tierna edad cumplimiento y calidad para ser madre, María, con vuestros padres iréis donde, pagando el cuidado de daros felice estado, felices nietos les deis, siguiendo obediente y grata la costumbre antigua y fiel con que el pueblo de Israel su propagación dilata.
María	Si sale de mi humildad

encogida mi razón,
advertid que en la intención
se salva la voluntad.
Y si digo, pues nací
en la obediencia inmortal,
que el derecho natural
de mis padres para en mí
después de haberme ofrecido
al templo, con más valor
fue por ellos al Señor
consagrado y transferido;
y el que yo pude tener
libremente en mi albedrío,
desde entonces no fue mío,
ni agora lo puede ser,
pues, cual víctima ofrecida
a la superior Alteza,
voté virginal limpieza,
previniendo inmortal vida;
y así, al tomar nuevo estado,
sera, si tu providencia
lo permite en mi obediencia,
imposible en mi cuidado.

Sacerdote María, en lo que has propuesto
se suspende el alma mía,
porque este voto, María,
en costumbre no está puesto;
porque el permanente estado
de castidad nunca ha sido
en nosotros recibido
ni en nuestra costumbre usado.
Divinamente lo advierte,
lo determina y lo allana

la Escritura soberana
donde dice desta suerte:
«El que descendencia hebrea
no dé al pueblo de Israel,
maldito será y en él
no habrá quien estéril sea.»
Y esto en ti debe advertirse
aun más que en otras mujeres,
Porque del linaje eres
que mereció preferirse
a los demás, escogido
para que dé una mujer,
de quien es cierto nacer,
el Mesías prometido.
Demás de ser una cosa,
en la honra y en la vida,
la esterilidad tenida
por infame y afrentosa.
Mira en tu padre el ejemplo
tan cercano y tan patente,
pues tan vergonzosamente
le vimos echar del templo
cuando entraba a celebrar
las eucenias; yo lo vi.
Pues, María, siendo así,
mejor lo debes mirar,
pues tales ejemplos tienes,
mayor advertencia ten,
y, codiciosa del bien,
aspira a tan altos bienes.
Danos fruta santa y bella
de tan generosa planta;
tu pensamiento levanta
y sigue tu buena estrella,

pues nos anuncia María
su prodigioso arrebol,
que será madre del Sol
quien tanto parece al día.

María   ¿Quién puede negar, señor,
que el virginio estado es
al conyugal preferido,
pues siempre la base fue
de las virtudes mayores,
consagrando al cielo en él
no solo puras las almas,
Pero los cuerpos también,
sin que entre el Sumo Criador
y las criaturas esté
el corazón dividido,
sino entero, limpio y fiel?
Demás desto, al hacer voto
de castidad no es romper
los fueros de la costumbre
ni los ritos de la ley,
pues lo que tú propusiste
en ella no viene a ser
precepto, Sino promesa
a los hijos de Israel.
Y el tener por maldición
y afrenta que no le den
descendencia los casados
es solamente porque
presupone el ser castigo
usado de Dios en quien
ocultamente quebranta
los preceptos de la ley.
Y si estériles lloraron

mis padres fue por temer
no fuese por culpa suya,
añadiéndose también
la afrenta exterior del mundo,
acelerado jüez,
que lo extrínseco condena
de los cuerpos y, no ve
lo intrínseco de las almas
si tiene contrario el ser.
Y con este engaño fueron
echados tan de tropel
del templo, sin prevenir
que el misterioso Poder
su fecundidad guardaba
para emplearla después.
Y el estado virginal
tampoco es nuevo, pues ves
que lo escogieron por suyo
nuestro gran Melquisedec,
Elías y jeremías,
y aquellos mancebos tres
que al babilónico fuego
resistieron sin arder,
y sus llamas extinguidas,
los veneraron después,
respetando su limpieza
pienso que debió de ser.
Ella misma hizo tan puro
y tan fuerte a Daniel,
que los dientes ni las garras
se le osaron atrever
de los hambrientos leones,
humillados a sus pies.
Según esto, en mi elección,

para apurar y saber
si es lícito el voto mío
y si obligatorio es,
con sola luz natural
pueden los humanos ver;
haber dado una palabra
a cuanto obliga la fe,
en los hombres solamente,
cuanto y más los que la ven,
que en Dios, no siendo constante,
se aventura a ser infiel.
Precepto divino es suyo,
verifícase en aquel
lugar del Profeta donde
dice heroicamente bien:
«Las promesas dedicadas
al Altísimo tener
deben inviolable el trato.»
Y el gran capitán Jepté
nos da un memorable ejemplo,
pues de la guerra al volver,
honrando sus dignas sienes
el victorioso laurel,
y habiendo ofrecido entonces,
en cambio de tal merced,
por víctima de las aras
lo que la primera vez
se le ofreciese a la vista
poniendo en su casa el pie,
acertando a ser su hija,
tan piadoso y tan cruel,
consagrándola al Señor,
satisfizo; y con tener
sus inclinaciones ella,

pagó la deuda por él.
Pues si por voto del padre
fue lícito deponer
la hija la voluntad,
asegurando la fe,
con tanta más ocasión
yo, señor, ¿qué debo hacer
por mí misma, siendo yo
la que castidad voté,
apeteciendo el morir
con la palma del nacer?
Y el ser yo rama del tronco
de David tampoco esté
en tu opinión reputado
por inconveniente, pues
a la racional criatura
solo encaminarse al bien
le incumbe sirviendo a Dios;
lo demás hágalo él.
Que si en mí, aunque indigna soy,
le fuese grato el querer
obrar misterios tan altos
de su providencia, sé
que le sobrarán caminos
para dármelo a entender.
Y viendo su voluntad
manifiesta, a obedecer
su mandamiento divino
al punto me dispondré,
que con esta condición
hice el voto; y con saber
que es agradable a los cielos,
de nuevo me atreveré
a cumplirle, aunque animosa,

humilde puesta a tus pies.

Joaquín (Aparte.)   ¡Ay. hija, con qué fineza
                     es inmensa tu bondad!

Ana (Aparte.)   ¡Qué humana divinidad
                     te dio la Naturaleza!

Levita I (Aparte.)   ¡Qué soberanos despojos!

Levita II (Aparte.) ¡Qué ejemplo de las edades!

Sacerdote (Aparte.) Arroja divinidades
                     por la boca y por los ojos.
(Alto.)   María, tu infusa ciencia,
                     tu endiosado corazón,
                     tu angélica erudición
                     y tu divina elocuencia,
                     aunque brotando consuelos,
                     te dan eternos renombres
                     con espanto de los hombres
                     y admiración de los cielos;
                     y yo, confuso y piadoso,
                     suspendido y admirado,
                     con estar edificado,
                     confieso que estoy dudoso.
                     Y así, pues la causa oculta
                     en mi ignorancia imagino,
                     al oráculo divino
                     remitiré la consulta,
                     empleando suspendido
                     el entrar arrodillado
                     a su retrete sagrado,
                     tan solo a mí permitido;

y vosotros entre tanto,
humildes en la oración,
las manos y el corazón
levantad al cielo santo.

(Vase.)

Joaquín   Yo espero en sus maravillas
                        que alumbrará nuestros ojos.

Ana   Admita en mí por despojos
                        unas entrañas sencillas.

Levita I   Secretos Muy suyos son.

Levita II   Es inmensa su piedad.

María   Bien se ve en mi voluntad
                        quien reina en mi corazón,
                        y con su luz satisfecho
                        le tengo yo, pues me toca
                        el saber que habló en la boca
                        quien sé que habita en mi pecho.

(Vanse todos y sale José solo.)

José   ¡Salve, Jerusalén, en quien se emplea
                        tan dignamente el ser, la primer planta
                        que fertiliza la nación hebrea!
                        ¡Salve, madre común, cabeza santa
                        del pueblo de Israel; que opuesta a tantos,
                        en los hombros del mundo se levanta!
                        ¡Salve, pues dando angélicos espantos,
                        esta vez para mí de imán han sido

las piedras vivas de tus muros santos
Soberanos impulsos me han traído
de mi nativo albergue y patrio asiento;
blandamente obligado, aunque impelido;
siendo, a mi parecer, el manso viento
que a un punto me inspiraba y me traía
auras süaves del divino aliento;
que rayos me da el Sol que tiene el día,
que, con ser general nuestra esperanza,
en mí parece solamente mía.
¡Señor, Señor! ¡Por dicha, el tiempo alcanza,
para común provecho de las gentes,
la prometida celestial mudanza!
Los santos patriarcas, diligentes,
el lazo de los cuellos sacudido,
componen ya el laurel para las frentes.
El león, en cordero convertido,
está en la tierra ya, en que dignas manos
se dispone a nacer si no ha nacido.
Los cielos, ya gozosamente ufanos,
levantando estandartes de victoria,
previenen sus asientos soberanos.
¿Qué dichosa científica memoria
tiene alguna señal destos despojos?
¿Goza algunas primicias desta gloria?
¿Qué inquietudes son éstas o qué antojos,
llorando tiernamente de alegría,
tienen por norte mis turbados ojos?
Pero sosegaráse el alma mía,
pues que la misma providencia santa,
que es quien me lleva, es cierto que me guía.

(Sale un Mancebo de la tribu de Judá.)

Mancebo I   ¿Quién vio entre los mortales gloria tanta?
José, si vas a verla, ¿por qué mueves
con paso lento la encogida planta?
Pero sospecho que saber no debes
la maravilla inmensa y soberana
por quien mil gracias a los cielos debes.
La bella hija de Joaquín y Ana
mira si, con razón, me estás atento,
pues es no menos que tu prima hermana,
con nuevo gusto, aunque con casto intento
queriendo, salva siempre la obediencia,
resistir al debido casamiento;
y habiendo entre los padres de la ciencia,
desta nueva ocasión la causa oculta,
variedad, discordancia y competencia,
de lo cual, conformándose, resulta
el remitir al solo Omnipotente
destas dificultades la consulta,
al templo acuden infinita gente.
Y dejando en el atrio cuanto sumo,
por más calificada y eminente,
reciente sangre y oloroso humo
esparce en el oculto santuario
devotamente el sacerdote sumo;
traspone el velo, en los colores vario;
y al proponer la duda, en cuyos fines
pudo fundarse el parecer contrario,
dale una voz, hiriendo los confines
celestes, del madero sostenido,
entre los dos alados serafines,
cuyo metal nos suspendió el sentido;
y altos los ojos y humillado el cuello,
las almas aplicamos al oído,
tan atentos colgados de un cabello,

que el Sol entonces que camina agora
fue sin duda el pararse para vello;
así dijo la voz declaradora
del concepto divino y del Sol nuevo
anuncio celestial, cándida aurora:
«Para saber lo que en mi nombre apruebo,
de tribu de Judá, con causa ufano,
manda venir hasta el menor mancebo,
y aquél entonces tan divino humano
que vea hacerse en fresco ramillete
la seca vara en su dichosa mano,
el ser electo esposo le compete
de la sin par María.» Y admirados
todos de un bien que tantos nos promete,
fueron en varias partes avisados
los del linaje fértil y escogido
para tan graves, útiles cuidados.
Y acuden cualquier dellos presumido
haber puesto en su mano de su vara
el seco corazón reverdecido.
Tú, pues te toca con razón tan clara,
¿por qué no vas, José, y el alma envía
primero a verse en tan divina cara?
Sígueme, y por lo menos en María,
cuando no logres otras intenciones,
verás lucir dos soles en un día.

(Vase.)

José   Para las soberanas suspensiones
que me alegran, Señor, mi angosto pecho
habría menester mil corazones;
pero, ¿por qué los pido? Pues sospecho
que uno solo, de alegre enternecido,

revienta en él, porque le viene estrecho;
no sin causa los cielos me han traído
donde a tal gloria humildemente ufano
pueda aplicar los ojos y el oído:
mas, Señor, vuestro auxilio soberano
acuda a todo yo, que estoy dudoso
de lo que debe hacer mí indigna mano.
De mi prima María el ser hermoso
adora el alma con tan castos bríos,
como le considera milagroso.
Niña la tuve en estos brazos míos,
adonde vi nacer en su terneza
de un mar de gracia diferentes ríos:
mas mi votada virginal limpieza,
aunque yo en mí la indignidad propongo
de su valor igual con su belleza,
parece que aventuro si me opongo
a esto, y de no hacerlo, mi obediencia
también en duda y en peligro pongo.
¿Qué haré, Señor? ¡Señor, con evidencia
muestra tu voluntad; que en esta duda
es mucho menester tu providencia!
Mas ya me das valor con que sacuda
esta ignorancia mía, que en luz clara
va sus tinieblas por tu causa muda;
que allá vaya animoso me declara,
donde si por milagro manifiesta
tu voluntad, la mía, ¿en qué repara?
Pues con tal condición, por mi propuesta,
hice este voto yo, que fuera injusto
habiendo en ti contradicción dispuesta,
mas ya en tu nombre a la razón me ajusto.
Ya me anima el valor y ya el cuidado
va corriendo parejas con el gusto.

¡Oh, gran Rey, de poder no limitado,
triunfante en el asiento cristalino!
Ya veo que te sirvo y que te agrado;
ya en mi pecho el anhélito divino,
obrando en mí sus maravillas santas,
mil estrellas me da para el camino,
que alegres pisan mis indignas plantas.

(Vase José. Salen el Sumo Sacerdote, Ana, Joaquín y María.)

Sacerdote   Como tan alto levantas,
                   Señor, el inmenso abismo
                   de tus maravillas santas,
                   va en los hombres, ya en las plantas,
                   compiten contigo mismo.

Joaquín   Dios mío, viendo en María
                   las excelencias que vi,
                   siendo voz del alma mía,
                   también es milagro en mí
                   el no morir de alegría.

Ana   ¡Ay, hija! Por ti he tenido
                   del cielo el mayor favor,
                   pues saber he merecido
                   que yo la madre mejor,
                   hasta serlo tú, habré sido.

Sacerdote   Con aplauso y devoción,
                   los que aspiran por ser tales
                   a tan dichosa elección,
                   en dos hileras iguales
                   lleguen; infinitos son.

María

Aunque esposo me asegura
la causa urgente que tengo,
de que permanezca pura,
señor, mi limpieza vengo
en tu palabra segura:
la misma fe que alcanzaba
Abrahán en mí colijo,
Pues en tu nombre esperaba
la descendencia del hijo
que a sacrificar llevaba.

(Salen los Mancebos de la tribu de Judá con sus varas en las manos, hasta seis, y José el postrero.)

Mancebo I

Del buen pensamiento mío
el digno premio llevara
si estuviera en mi albedrío
que floreciera en mi vara
como florece en mi brío.

Mancebo II

¡Cielos, si las flores bellas
a mi vara quieres dar,
el fruto que salga dellas
pienso ofrecer a tu altar
contado con tus estrellas.

Mancebo III

Si floreciera mi vara
con el llanto de mis ojos,
yo aseguro que llevara
de flores tantos manojos
como hay glorias en su cara.

Mancebo IV

Si fuera la de Moisés
mi vara, tuviera yo

inmensa dicha, pues quien
agua entre peñas sacó,
flores brotará también.

Mancebo V   Alegre voy y contento,
pues revuelvo en mi memoria
mis méritos y no siento
fundamentos desta gloria
en otro merecimiento.

José   ¡Inmenso Dios! ¿Qué alegría
de tan alta calidad
se infunde en el alma mía?
Ya en mí veo indignidad
del bien que miro en María,
pero espero, deseoso
de ver, entre dichas tantas,
quién será su digno esposo,
por dar la boca a las plantas
del que fuera tan dichoso.

(Arrodíllase.)

Sacerdote   Rey poderoso, invencible,
grande, inmenso, soberano,
fuerte, inefable, infalible,
de cuya valiente mano
pende el globo indivisible;
pues por ti está prevenido
el fin de nuestros cuidados,
muestra al exterior sentido
cuál, entre tantos llamados,
vendrá a ser el escogido.

José	¿Qué veo? ¡Ay de mí! Parece
	que el fresco vapor que arroja
	mi seca vara humedece.
	¡Ya brota reciente hoja,
	ya blancas flores florece!
(Florece la vara.)	¡En tan humilde supuesto,
	decreto tan soberano!
	¡Tal bien a mis ojos puesto!
	¡Tal palma en la indigna mano
	de José! Señor, ¿qué es esto?

(Pónese una paloma sobre la vara.)

Vos, paloma sacrosanta,
¿traéisme la verde oliva?
¿Tanto por vos se levanta
a vuestra región altiva
mi paz cierta y mi fe santa?

María   A tu voluntad, sabida
con tan heroica extrañeza,
Señor, de absorta, rendida,
postro el pecho y la cabeza
y rindo el alma y la vida;
pero aun con ver la mudanza
de mi estado, en tu obediencia
siempre mi casta esperanza
propone tu providencia
y anima mi confianza.

Sacerdote   En misterios tan colmados,
¿qué humanos no quedarán
suspendidos y elevados,
si hasta en los cielos lo están

los espíritus alados?

Joaquín   La paternal alegría
no da agora más lugar;
hijo, esposo de María,
mis brazos te quiero dar,
pues te he dado el alma mía.

Ana   Mi José, pues a ser vienes
mi hijo, a mostrar empieza,
y, pues ya mis brazos tienes,
celebra de mi terneza
los primeros parabienes.

Mancebo III   Y los que yo, aunque envidioso
estimé, te doy contento.

Mancebo IV   Mereciste el ser dichoso.

Mancebo V   Por ver tu merecimiento
no me atrevo a estar quejoso.

Mancebo I   Con general alegría,
José, tu alabanza crece.

Mancebo II   Digan alegrando el día:
¡Viva José, que merece
ser esposo de María!

(Todos.)

José   Aunque de ufano encogido,
con todos usar pudiera
el cumplimiento debido

si de elocuente tuviera
lo que estoy de agradecido;
mas remitirlo es mejor
al cielo.

Sacerdote   José dichoso,
en su nombre y en su amor,
¿quieres ser amable esposo
de María?

José   Sí, señor.

Sacerdote   Tú, María, ¿ofréceste
por esposa?

María   Señor, sí.

(Escribe los nombres en un libro.)

Sacerdote   Esta inseparable fe
con sus nombres escribí,
y el Dios de Israel les dé,
pues santos y humildes dan
al blando yugo los cuellos,
la gracia, por quien podrán
esperar cumplida en ellos
la bendición de Abrahán,
alegrando los humanos
con tan venturoso efeto.

María   Yo pongo el alma en sus manos.

José   Yo le miro y le respeto
en tus ojos soberanos.

(Vanse todos. Salen Efraín e Isacar.)

Efraín   Dichosa casa, Isacar,
         pues así a su dueño espera.

Isacar   Si una de las doce fuera
         por do el Sol suele pagar,
         tanto en ella se parara
         a ver una inmensidad
         de glorias, que a la mitad
         del mundo a oscuras dejara.

Efraín   Mas antes he presumido
         de su venturosa estrella
         que otro cielo habita en ella,
         y no del todo escondido.
         ¿El limpio suelo no ves
         tan claro, que causa enojos
         adorarle con los ojos
         y pisarle con los pies?
         Del techo las luces bellas,
         ¿no parece que a porfía
         imitan la luz del día
         y de noche las estrellas?
         ¿Las paredes no son tales
         que no advierten los sentidos
         en sus piedras solo oídos,
         sino lengua en sus cristales?

Isacar   ¿Qué fiesta en ella disponen
         los ángeles soberanos,
         pues con su luz y mis manos
         la ilustran y la componen

y con himnos y con cantos,
oídos como en los cielos,
nos causan dulces desvelos,
nos dan alegres espantos?

Efraín

Todo incluye algún misterio
en Joaquín, pues por él, santa,
la humilde tierra levanta
hasta el soberano imperio,
por que el verla milagrosa
a su dueño se atribuya.

Isacar

¡Oh Nazaret, patria suya,
por su causa tan dichosa!
Vuelve a ver del hijo ausente:
los celestiales despojos,
pues te prestan tantos ojos
multitud de tanta gente.
A Jerusalén es ido,
donde...

(Sale Ismael.)

Ismael

Efraín, Isacar,
las nuevas os vengo a dar
que por el aire han venido.
Ya José, el de Belén,
digno de tan alto estado,
con María se ha casado
en la gran Jerusalén,
en forma tan exquisita,
milagrosa y eminente
como lo veréis patente
en su relación escrita.

Está Nazaret con esto
admirada y suspendida,
esperando su venida,
que dicen que será presto.

(Sale Abder.)

Abder   ¡Notable dicha es la mía,
pues tales nuevas prevengo!

Ismael   ¿Abder?

Abder   Sin aliento vengo
de contento y de alegría.
Con la mayor eminencia
vi a José, y vile, oí;
del templo salir le vi
del gran padre de la ciencia,
yendo al lado de su esposa,
la bellísima María,
que puesta al Sol parecía
más alegre y más hermosa.
Contaros sus partes bellas
cada una en singular
sería querer contar
con el dedo las estrellas.
Ni aun en general no siento
que haya, ausente su luz pura,
para pintar su hermosura
humano encarecimiento;
pero diré que infundía
tal admiración y espanto,
que, como divino encanto,
elevaba y suspendía;

que concordes y süaves
dejaba los elementos:
en la tierra y en los vientos
se iban parando las aves;
que el Sol, ardiendo en el celo
de adorarla y no ofenderla,
por llegar más cerca a verla,
descendía al primer cielo;
que los orbes celestiales,
cuando suspensos la vieron,
el orden mudar quisieron
de sus cursos naturales,
y que la undécima esfera,
por estar mas cerca, al ver
un cielo en una mujer,
pretendió el ser la primera.
Y su soberano esposo,
pues ser suyo ha merecido,
galán iba, aunque encogido,
y contento, aunque medroso.
A su mano no llegaba,
mostrando con claridad
que alguna divinidad
en su valor respetaba.
Íbanlos acompañando
infinita gente, yendo
los unos encareciendo
y los otros admirando,
logrando las esperanzas,
robando los corazones,
recibiendo bendiciones
y despreciando alabanzas.
Y estas variedades todas
tuvieron alegre fin

en las casas de Joaquín,
donde se hicieron las bodas,
y donde, poco después,
partió José con su esposa
hasta su tierra dichosa,
pues que la pisan sus pies.
Y yo, por ser el primero
que estas nuevas ha traído,
por los aires he venido,
y ya con el alma espero
lo que pisaron sus plantas
barrer con labios indinos.
Los alborozos divinos
y las confusiones santas,
¿no oís entrar por las puertas
desta casa, a quien por suya
el tenerlas se atribuya
para tanta gloria abiertas?
¿No las miráis, que parece,
viendo a José y a María,
que temblando de alegría
se levanta y fortalece?
¿No veis, casi sin aliento
de gozo, a Joaquín y Ana
señalando en cada cana
muchos siglos de contento?
Los luceros celestiales,
¿no veis con qué humilde celo
ya la convierten en cielo,
ya pisaron sus umbrales,
va con semblante divino
satisfacen tanta gente,
ya los dejan cortésmente
que descansen del camino?

Isacar	Vamos a besar sus pies con humilde reverencia.
Efraín	Esa justa diligencia podremos hacer después.
Ismael	Sí, pues ocupar los ojos nos deja solo el respeto de verlos.
Abder	Es propio efeto de sus divinos despojos.

(Van saliendo Joaquín, Ana, José y María, y se quedan admirados los que estaban fuera.)

Joaquín	Ya, mi José y María de pisar mi patrio suelo y hacer de una casa cielo llegó el venturoso día. Ya, por los inmensos bienes de emplearse en tal servicio, las piedras de su edificio me están dando parabienes.
Ana	Y yo, pues en tales modos admiro sus pretensiones, por sus más hondos rincones voy a recibirlos todos, y también a disponella para tan inmenso bien.
Joaquín	Y yo, envidioso también,

34

quiero hacer lo mismo en ella.

José

Mis padres, para mostrar
lo que debo agradecer,
pues no acierto a responder,
remitirélo a callar,
poniendo en los ojos míos
las lenguas del corazón.

María

Mis padres, extremos son
vuestros amorosos bríos;
pero considero al verlos
que pagáis por mí al mostrarlos
con el gusto de emplearlos,
lo que debo agradecerlos.

Ana

¡Ay, hijos del alma mía,
contento llevo infinito!

Joaquín

En mi corazón escrito
llevo José y María.

(Vanse Joaquín y Ana.)

José

Y yo, esposa, te prometo,
indigno de tu valor,
el servirte con amor
y adorarte con respeto.
Pues, María, cuando fuera
que el voto de castidad
nuestra unida voluntad
revalidado no hubiera,
inspirando el mismo Dios
en ti y en mí, por lo cual

fue en los dos condicional
y es absoluto en los dos
el mirarte peregrina
y el ver en ti soberana,
en una deidad humana,
una humanidad divina,
tanto en la esperanza toca
y permanece en la fe,
que a la estampa de tu pie
no se atreviera mi boca.

María   José, ese celo santo
que salva mi indignidad
y obliga tu autoridad
a que me respetes tanto,
premios son que el alto Dios
pronostica a mi bajeza
por la virginal limpieza
permaneciente en los dos,
cuyas virtudes son tales,
que hacen puras concordancias
con las divinas sustancias
de los coros celestiales,
y tanto vienen a ser
en los hombres importantes,
que los hacen semejantes
al divino eterno ser,
haciéndolos celestiales
al compás que milagrosas
los dividen de las cosas
sensibles y materiales,
pues les da capacidad
que los lleva y encamina
a gozar la luz divina

de la inmensa Majestad;
y como lustrosa y pura
resplandece tanto en ti,
a Dios respetas en mí,
de quien soy indigna hechura.

José   Virgen bella, esposa pura,
a quien consagro en el pecho
mi corazón satisfecho,
que mil dichas me asegura.
Con tan excelsos despojos
tus pensamientos propones,
que confirmo en tus razones
lo que previne en tus ojos.
Para poder alabarte
siendo tan alta su suerte,
si no alcanzo a conocerte,
¿a quién podré compararte?,
pues vistos al Sol serenos
los cielos o imaginados
sus serafines alados,
todo me parece menos.
Y sí advierto, pues te vi
en Dios tan constante y fiel,
que a todo lo que no es él
debo preferirte a ti.
Siendo el Sol, que humilde alabo,
en tus ojos claro espejo,
niño grande, mozo viejo,
padre hijo y dueño esclavo.
Con el divino interés
de que te sirva mi sombra
no de Pabellón, de alfombra,
siempre indigna de tus pies.

María	Dueño mío, esposo amado, con tan general consuelo por el índice del cielo en la tierra señalado para mi fiel compañía: tú eres, haciéndola santa, un monte que me levanta y, una estrella que me guía; un prudente Salomón que aconseja mi terneza y una heroica fortaleza que conserva mi opinión. Y so, pues tan tuya soy, que, indigna de ser tu esposa, en tu mano milagrosa siempre contemplando estoy florida la seca vara, donde digno asiento toma la soberana paloma, que tu valor me declara, debo a todo preferirte, estimarte, engrandecerte, como a padre obedecerte y como a dueño servirte.
José	Querida esposa, ángel bello, a merced tan singular solo respondo con dar gracias al Señor por ello.
María	Soberanas deudas son de su inmensa Majestad, y pues es la soledad

la base de la oración,
voy donde pueda tenerla,
solo en Dios puesto el cuidado.
Queda en paz, esposo amado.

(Vase.)

José   Dulce esposa, ve con ella.
              ¡Rey inmenso! ¿Qué os movió,
              desde vuestro empíreo cielo,
              a dar tal tesoro al suelo
              para que le guarde yo,
              habiendo en él siempre sido
              perezoso y descuidado,
              aunque tanto os ha estimado
              quien tan poco os ha servido?
              Declaradme este secreto...
              Mas es soberbia querer
              un vil gusano saber
              vuestro divino conceto;
              y así, de mis esperanzas
              renuncio las pretensiones
              y a vuestras disposiciones
              remito mis confianzas,
              llevando, pues que me toca
              pediros siempre la mano,
              vuestro nombre soberano
              en el alma y en la boca.

(Entrase José y aparece María de la manera que la pintan en la Anunciación.)

María   «Parvulus enim. natus est nobis
              et filius datus est nobis.»
              Niño habéis de nacer, Hijo del hombre

39

os habéis de llamar, mi Dios, Gigante
tan alto y poderoso,
haciéndole a vos mismo semejante,
pues queréis, más hermoso
que la misma hermosura,
ser su hacedor y parecer su hechura.
Pero aunque naceréis en la terneza,
manso niño, de Dios omnipotente,
de Señor soberano
tendréis la fortaleza,
tan elevado heroico y eminente,
que con valiente mano,
entre glorias y asombros,
vuestro reino afirméis en vuestros hombros.
Siendo a todos los orbes admirable
vuestro nombre, prudente consejero,
Rey fuerte, Dios piadoso,
invencible, inefable,
Padre común del siglo venidero,
gozaréis poderoso
y sobre el trono de David sentado,
con paz eterna, imperio dilatado.
Para corroborar y hacer eterno
su reino con la célica justicia
de vuestras manos santas,
cuyo inmortal gobierno,
que a la tierra acaricia,
obrará entonces maravillas santas,
con el amor constante
del Dios de los ejércitos triunfante.
Ea, pues; ya, Señor, lléguese el plazo;
vuestras misericordias se anticipen;
venga el Rey que Cordero
ha de ser juntamente y dé un abrazo

al mundo; participen
los humanos de un bien, por quien espero
que en pacífica guerra
ha de enseñorearse de la tierra.
Córtese ya, Señor, de la cantera
de los hijos de Adán, sin obra humana,
aquella piedrecilla
que, como si trajera
tras sí toda la esfera soberana.
será con maravilla
su golpe poderoso
a destruir el reino tenebroso.
A mis padres habéis con juramento
prometido esta dicha milagrosa
y al mundo peregrina;
dádnosla, gran Señor del firmamento.
¡Quien fuera tan dichosa
que ver pudiera su niñez divina
fuera del seno de su Padre eterno
y al pecho santo de su tierna Madre!
De su pecho los rayos esperando
y, como hermano mío, su luz pura
de mi sayal vestida.
¡Quién se viera adorando
sus tiernas plantas, para estar segura
de que en la humana vida,
cuyos peligros toco,
después ninguno me tuviera en poco!
¡Oh pura y felicísima Doncella,
pues que, según las profecías santas,
Rey de tal poderío
ha de humanarse en ella,
lloviendo en sus entrañas sacrosantas,
cual celestial rocío

en tierra virgen, por quien no ha pasado
del tosco labrador el corvo arado!
Más limpia quedará que las estrellas,
porque della saldrá, cual flor nacida
en el inculto prado.
Rey coronado dellas:
dejadme ver la vara florecida
de Jefé; al Sol parado
descubra con celeste concordancia
la divina azucena su fragancia.
¡Oh, cielo incomprensible! ¡Oh si yo fuera
humilde esclava de tan gran Señora!
Y el bien en que me fundo,
si yo le mereciera,
fuera posible que alcanzara agora,
como es, sin duda, que la goza el mundo,
pues ya vemos tan cerca de cumplido
el plazo del Mesías prometido,
y ya tenemos en el ver que viene
el cetro de Judá a extranjera mano,
y en el común consuelo
de la paz general que el mundo tiene,
y en ver el soberano
triunfante aplauso con que alegre el cielo
la mira: hasta en los brutos animales,
de tan inmenso bien claras señales.

(Sale el ángel Gabriel, arrodillándose delante de María.)

Gabriel   Dios te salve, María,
llena eres de gracia,
el Señor es contigo,
mujer a quien señala
y bendice entre todas.

María	Suspensa de turbada doy la fe a los oídos y a los ojos el alma. Mi Paraninfo bello, tu traje y tus palabras, ¿qué novedad incluyen divinamente extrañas?
Gabriel	No te turbes, María, ni temas si te espantas de mi salutación, jamás de ti escuchada, desde que ha que yo soy capitán de tu guarda, teniendo por soldados infinidades tantas de espíritus divinos que siempre me acompañan; ni te admire, señora, de verme en forma humana, pues de tales efectos sabrás luego la causa. Tú fuiste la dichosa que, hallando especial gracia en los divinos ojos, has merecido tantas, y ejercitando agora su divina privanza, tan digna de Dios eres, que te escoge y señala por que con él asistas a donde sean tus galas la real vestidura

guarnecida y bordada
con el oro divino
de la caridad santa,
de todas las virtudes,
inmensamente varias,
te ciñe y te rodea,
y sus olores sacras,
como de aromas finas,
al mismo Dios regalan.
Tú eres la toda hermosa
de tus estrellas claras;
de cándida paloma
solo un rayo traspasa
del corazón divino
el alma enamorada;
y con solo un cabello,
por tu cuello y espaldas
al descuido esparcido,
lo encadenas y enlazas,
lo rindes y aprisionas.
Tú eres la aurora blanca
que cautivos desean
los santos patriarcas.
Tú eres la mujer fuerte,
por quien ven quebrada
del común enemigo
la cabeza villana.
Desto ha de ser entonces
felicísima causa
un hijo concebido
de tus puras entrañas,
que cuando salga de ellas
el mismo Dios te manda
que lo llames Jesús.

Ya en las esferas altas,
respetando su nombre,
celebran su alabanza.
Será grande, y llamado,
en cuanto el globo abarca,
del Altísimo hijo,
de cuya mano franca
recibirá triunfante
la silla soberana
de su padre David,
y reinará en la casa
de Jacob, que infinita
engrandece y levanta
su corona y su cetro,
no sujeto a mudanzas,
en su heroica cabeza
y en su mano gallarda.

María

Celeste guarda mía,
en tu excelsa embajada
no dudo las verdades
en tu boca ordinarias;
mas de humilde, encogida;
de gloriosa, elevada,
represento las dudas
que proponen mis ansias,
por ver en noche oscura
que me amanezca el alba,
cuando tus instrucciones
alumbren mi ignorancia.
¿Cómo, si tengo al cielo
virginidad votada,
y sus inspiraciones
alientan mi esperanza,

podré ser madre y virgen?

Gabriel   Pon al oído el alma,
del Altísimo hija,
y escúchame, olvidada
en tu naturaleza
de la razón que alcanzas,
y considera en Dios
profundidad tan alta,
que la pierde de vista
la inteligencia humana,
viendo solo tinieblas
la vez que se levanta
a su cielo atrevida,
en su Sol deslumbrada,
y cree que esta sombra
vendrá a ser tu luz clara,
obrando esta virtud
misericordias tantas,
porque el Hijo divino
que a ser humano baja,
lo es del Padre Eterno
en su mente sagrada,
sin madre concebido
y en tus puras entrañas
sin padre lo ha de ser.
Y si consideraras
que el que por mí te ofrecen
mis heroicas palabras
es el que ha de lograr
las ciertas esperanzas
del pueblo de Israel,
el cuidado excusaras
de guardar tu limpieza

con evidencia clara
de que eres la Doncella
y Madre sacrosanta,
en quien hacen los cielos
tan prodigiosa hazaña,
y eres del Santuario
la puerta que, cerrada,
hacia el oriente mira,
donde el Sol que la guarda
a todos la defiende,
porque está reservada
para el Príncipe solo,
que dejará al entrarla
su virginal clausura
más perfecta y más santa,
pues es tan poderosa
la mano que levanta,
que no hay cosa imposible
a su potencia magna.
En tu prima Isabel
verás cómo declara
su poder infinito,
pues, no obstante las causas
de ser vieja y estéril,
ya los seis meses pasan
de su preñez dichosa.
Mira si es cosa llana,
que hará, quien pudo hacer
con mano soberana
que una estéril conciba,
que una doncella para.
Y aunque es verdad, Señora,
que esta dicha esperada
sin tu consentimiento

pudiera ejecutarla,
por que cumplidamente
su matrimonio hagan,
tomando el ser divino
naturaleza humana,
tu voluntad dispone,
por que seas al darla
un «sí» venturoso
autora de la. gracia,
como la primer madre,
comiendo la manzana,
fue autora de la ofensa.
Virgen pura, ¿qué aguardas?
¿Qué dudas te suspenden?
¿Por qué este «sí» dilatas?
Advierte que lo esperan,
para tener su gracia
con nueva perfección,
las divinas sustancias,
para ser redimidos
los humanos. Y para
obrar este misterio
que los orbes espanta,
la Trinidad eterna,
que te elige y señala,
el Padre para Hija,
y para Madre intacta
el Hijo, y para Esposa
querida y regalada
el que verás en forma
de una paloma blanca.

María   Gabriel soberano,
                    aquí la humilde esclava

	del Señor se sujeta:
	su voluntad se haga,
	en mí como en tu boca
	lo dispone y declara.

Gabriel   Ya eres Madre de Dios;
con sola esa palabra
se encarnó la Divina
en tus puras entrañas.
Queda en paz, que los cielos
ya escucho que le cantan
la gloria que en ti miran.

María   Si ellos por mí le alaban,
quedaré tan contenta
como quedo admirada.

Fin de la primera jornada

Jornada segunda

(Salen Isabel y un Zagal.)

Isabel   ¿Qué tan dichosa es mi casa?

Zagal   Tan dichosa, que ya llega
                el mayor bien de los bienes
                a entrársele por las puertas,
                y nuestro mudo señor,
                que le recibe y celebra,
                para mostrar su alegría
                se convierte todo en lenguas.
                Los extremos de su gloria
                con tales afectos muestra,
                que no fueran las palabras
                tan fuertes como las señas.
                Infinitos le acompañan,
                y para darle a la fiesta
                la debida cortesía,
                con el gran José se queda,
                donde, agradecido a todos,
                los despide y los granjea.
                Mas tu soberana prima,
                mostrando la alegre priesa
                con que viene a ver tus ojos,
                primero en tus casas entra,
                con músicas pastoriles,
                entre coros de doncellas,
                que, esparciendo en sus espaldas
                al Sol las doradas hebras
                y con guirnaldas de flores
                coronadas las cabezas,
                la bendicen y la alaban,

	la acompañan y la cercan.
Isabel	Cuando a recibirla voy me suspende su belleza.

(Dentro.)

Pastor I	Esparce arrayán y juncia.
Pastor II	Esparce Vierte rosas, flores siembra.
Pastor III	Emplea los instrumentos.
Pastor I	Repica las castañetas.

(Salen María y dos Doncellas, tendidos los cabellos y con guirnaldas de flores, y muchos Pastores tendiendo los capotes y sayos, por donde pasa María, y tañen y cantan.)

Pastor I	Tiende el capote, Enaín.
Enaín	Pardiez, la camisa tienda para que pisen sus plantas, aunque me quede sin ella, como nacido de agora.
Pastor II	No sería mala fiesta.
(Cantan.)	Bien venga María, venga en hora buena, para hacer bendita la dichosa tierra que sus plantas pisan y su vista alegra;

bien venga María,
venga norabuena.
Alábela el cielo,
y con sus estrellas
cuente sus virtudes
y sus excelencias.
Bien venga, etc.

(Está Isabel como absorta.)

María   Dios te salve, Isabel mía,
y para bien, prima, sea
el misterioso preñado;
que sí será, pues nos muestra
el que a esta edad os dio fruto
de su bendición que en ella,
con muchos dones del Cielo,
os dará su gracia entera;
y, el niño que ha de nacer
de vos ya santo, estad cierta
que de Dios la mano franca
hará al mundo manifiesta,
con general regocijo,
con admiración inmensa
entre todas las naciones
naturales y extranjeras.

Isabel   Dadme, prima, vuestros brazos;
pero ¿qué luz tan perfecta
alumbran mis ciegos ojos?
Dejad que bese la tierra
que pisáis, pues cielo sois,
serenísima Doncella,
y entre todas las mujeres

53

bendita por excelencia,
bendito el divino fruto
que vuestras entrañas llevan,
pues sin obra de varón
tenéis humanado en ellas
al Hijo de Dios, y en él
toda su divina Esencia.
¿Cuándo pude merecer
yo que a visitarme venga
la que es Madre soberana
del que en la región excelsa
es Señor mío y de todo
cuanto eterniza y gobierna,
para cuya Majestad
todos los orbes y esferas,
a no disponerlos él,
angostos lugares fueran,
cuanto y más esta casilla,
tan humilde y tan pequeña,
adonde solo mi amor
simboliza su grandeza?
Desde el punto que, Señora,
las dulces palabras vuestras
llegaron a mis oídos,
admiré premisas ciertas
de tan heroicos misterios;
pero en la distancia mesma
que llegué, al gran Rey que viene
en vuestras entrañas tiernas,
el niño que está en las mías,
dando saltos, dando vueltas,
de las mercedes que alcanza
me dio milagrosas muestras,
y parado de rodillas

adora su heroica Alteza,
y su venida admirable
con alabanzas celebra,
siendo tan divinamente
santificado y profeta,
que para mostrar su gracia
profetiza con mi lengua.

María

Y tú, prima, me engrandeces y levantas
a mí, como sujeto
de las misericordias sacrosantas
para tan alto efeto;
pero mi alma de su gracia rica,
a mi Dios engrandece y magnifica
como autor de los bienes inmortales,
mi espíritu alaba,
levantando las glorias celestiales,
pues desta humilde esclava,
siendo entera salud, no han despreciado
sus graves ojos mi pequeño estado,
desde entonces tan alto Y eminente,
que bienaventurada
todos me llamarán eternamente,
por verme levantada
a obrar en mí un milagro prodigioso
con nombre santo el siempre poderoso;
pues a su gran piedad, ni limitada,
los tiempos se sujetan,
y así será en los siglos dilatada
para los que respetan
y obedecen medrosos cuanto mande
su Majestad, eternamente grande;
la fuerza, que en su nombre es infinita,
manifiesta mostrando

que su poder da reinos y los quita,
rindiendo y derribando
los soberbios del trono, que en los vientos
fabricaron sus vanos pensamientos,
postrando así los poderosos cuanto
los humildes levanta,
y haciendo así, con general espanto,
su mano justa y santa
de chicos grandes y de grandes chicos,
de ricos pobres y de pobres ricos.
Y usando agora con su pueblo hebreo
mayor misericordia
que pudiera pedir con el deseo,
pues que con tal concordia
como hijo a su pecho siempre ha sido,
le ha en sus divinos brazos recibido,
para manifestar que no se olvida
el celestial Monarca
de la misericordia prometida
al primer patriarca,
que infinidad de siglos diferentes
gozarán sus dichosos descendientes.

Isabel   Esas divinas razones
                tanto alegran mi sentido,
                que quisiera a cada oído
                aplicar mil corazones.
                Que el cielo las solemnice
                es justo, Pues es, María,
                su misma sabiduría
                el que en tu boca las dice.

Doncella I   ¡Qué admirable suspensión
                nos tiene a todos así!

Doncella II	¿Qué se hablaron?
Pastor I	No lo oí.
Pastor II	Misterios del cielo son.
Pastor III	Sí serán, yo os lo prometo, pues con gusto de escuchar allá me quise llegar y me detuvo el respeto.
Doncella I	En todos debió de ser lo mismo.
Doncella II	Yo así lo siento.
Enaín	El arca del Testamento me parece esta mujer, esta divina Señora, pues con tales maravillas se le postra de rodillas nuestra Isabel.
Pastor I	Calla agora, que ya allí viene su esposo con nuestro dichoso mudo, pues ver en su casa pudo parentesco tan dichoso.
Pastor II	Los más que alegres despojos de ventura semejante señala con el semblante y asegura con los ojos.

Pastor III	¡Lo que hace por hablar!
Pastor I	Di lo que habla callando, puertas del alma mostrando abiertas de par en par.
Doncella I	Las señas que sabe hacer con que explicar su cuidado!
Doncella II	Y el buen José, ¡con qué agrado se las procura entender!

(Mientras dice esto han, ido saliendo José, Zacarías y otros.)

José	Dadme las manos, señora.
Isabel	José, los brazos tenéis; dichosamente gocéis el estado que os mejora.
José	Y en vos, bendito y dichoso sea el fruto de un preñado que ha sido tan deseado como será milagroso.
Pastor II	Todos podemos llegar a José; hablémosle.
Enaín	Yo, yo solo, que sabré por todos, le quiero hablar.
Pastor III	No te turbes.

Enaín	Sin temor
	voy deso.
Pastor I	¿En qué lo has fundado?
Enaín	En que ya yo voy, turbado.
	¡Señor José! ¡Ah, señor,
	sea para bien venido,
	que no será para mal!
José	Vos, bien hallado, zagal...
Enaín	¡Oh, qué venturoso ha sido
	en merecer una estrella,
	y tan linda, por esposa,
	si mide el ser virtuosa
	con lo que tiene de bella!
	¿Cómo viene dando el día
	qué mirar y qué lucir?
	Pero ¿cómo ha de venir
	con tan buena compañía?
	¿No admira lo sucedido
	en esta casa y el ver
	preñada así la mujer
	y así sin habla el marido?
	Porque dis que no creyó
	que lo estaría o lo estaba;
	si de setenta pasaba,
	lo mismo me hiciera yo.
	¿Qué le parece de Ebrón?
	¿Qué le dice destas cosas?
José	Que son todas milagrosas:
	tanto, que admirables son.

Enaín	Pues aun más sera de ver.
	de oír y considerar
	el ver al marido hablar
	cuando para la mujer,
	porque dicen que querrá
	el que en sus entrañas labra
	que le para la palabra.
Isabel (Aparte.)	La voz al menos será.
María	Porque la palabra yo
	en mis entrañas la tengo.
Enaín	Para bailar me prevengo.
	¿No digo bien?
José	Sí, ¿pues no?
Enaín	Y si eso todo es verdad,
	¿qué habrá imposible después?
Isabel	Para Dios nada lo es.
José	¡Qué santa simplicidad!
Doncella I	¡Qué notables cosas vemos
	en Ebrón de cada día!
Doncella II	Mira en José y en María
	dos soberanos extremos.
Pastor I	Y el buen mudo, ¡con qué celo
	a todos mira y admira,

y de cuando en cuando mira
al cielo, alabando al cielo!

María   Vamos. prima, norabuena.

Isabel   Y descansaréis así
del camino.

María   Para mí
ya no hay cansancio ni pena.

(Hace señas Zacarías a José.)

José   Ya yo os entiendo; lograd
tan seguras esperanzas,
dando por todo alabanzas
a la eterna Majestad.

Pastor I   Toca, canta.

Enaín   Y haga el son
cosquillas a la alegría.

(Cantan.)   José y María
para en uno son.
José venturoso
tiene una mujer
por quien viene a ser
el mejor esposo;
el cielo piadoso
hizo la elección
de tal compañía;
José y María
para en uno son.

(Vanse todos. Sale Augusto César y algunos Senadores romanos.)

Senador   ¡Viva Augusto César, viva!

Otro   Por que de su pueblo fiel
                 justa adoración reciba.

César   Basta que el verde laurel
                 corone mi frente altiva.
                 Detén, Torcato, esa gente
                 y diles que su intención
                 considero amablemente,
                 mas la sacra adoración
                 denla al cielo solamente.

Senador I   Cuando obligada acrisola
                 tu valor y cuando ves
                 que ve a tu fortuna sola
                 asegurando tus pies
                 sobre la esférica bola;
                 cuando con glorias tan ciertas
                 ve cerradas por tu mano
                 de Jano las divas puertas
                 y en tu valor soberano
                 mira las del cielo abiertas,
                 cobrando eterno renombre
                 y dando causa inmortal
                 de que se alegre y se asombre
                 con la paz universal
                 que goza el mundo en tu nombre;
                 y tantos, que, ya olvidados
                 de las bélicas jornadas
                 los animosos soldados,

de las ociosas espadas
hacen próvidos arados,
no te admires, no te espantes
de que te pidan tus gentes
con extremos semejantes
que sus ánimos contentes
y tu grandeza levantes.

Senador II

Si no solo dichas tales
se imprimen en sus entrañas,
más las gozan generales
hasta en las duras montañas
los rústicos animales;
pues que los lobos y ovejas,
los tigres y los corderos,
hacen iguales parejas,
dejando los ganaderos
sin pérdidas y sin quejas.
Y aún tuvieran concordancia
los elementos, vencida
su soberbia y su arrogancia,
si no constara su vida
de su misma repugnancia.
Cuando tú por ellos ves
que parece que los montes
ponen su cumbre a tus pies
y alegres sus horizontes
te suplican se los des;
cuando admira este misterio
hasta el bruto más feroz;
cuando todo el hemisferio
está escuchando tu voz
y se sujeta a tu imperio,
no es sin causa que a millares,

por dar de su amor indicios,
los nobles y populares
te prevengan sacrificios
y te levanten altares.

Senador III

Pues en esto ya el Senado
con el pueblo ha convenido:
lógranos tan buen cuidado
como dueño agradecido,
como príncipe obligado.

Senador IV

Reciban por ti las gentes
este general consuelo,
pues en partes diferentes
te muestra su aplauso el cielo
con señales evidentes.

César

Bien conozco que queréis
obligarme, y me obligáis
cuando en los cielos ponéis
el amor que me mostráis
y las honras que me hacéis.
Mas viendo a mil desventuras
sujeto mi humano ser
y entre nubes tan oscuras
dependiente mi poder,
de las humanas criaturas
rehúso la adoración,
de Dios santo hurtando al cielo
la excelsa jurisdicción;
pero por daros consuelo,
sin mengua de mi opinión,
y en vuestro nombre mostrar
que soy en paz como en guerra

eminente y singular,
por el mejor de la tierra
me dejaré celebrar.
Y para saber si solo
el más soberano soy
que hay del uno al otro polo,
respuesta esperando estoy
del Oráculo y de Apolo.
(Sale un Capitán.)   Con ella resolveré
esta duda, pues ya viene
el que por ella envié.

Capitán   Y el que ya la boca tiene
en la estampa de tu pie.
Devota y divinamente
llegó el sacerdote sumo,
y al Oráculo eminente
esparció oloroso humo
y ofreció sangre reciente;
pero a su duda propuesta,
de su lenguaje divino,
no mereció la respuesta.

César   Deste intento peregrino
clara indignación es ésta.
Vamos, que yo mismo quiero
aplacar su indignación
dando en su aspecto severo
al alma la devoción
y a la víctima el acero,
hasta ver si se ha ofendido
de mi intención y ha quedado
por mi causa enmudecido.

Capitán	Si se ve por ti adorado,
	por ti quedará vencido.

(Vanse y sale José.)

José	Si Señor del firmamento,
	desta tiniebla clara y luz oscura
	sacad mi entendimiento.
	¿Qué haré, pues me acobarda y me asegura
	con certeza o antojos?
	¿Daré crédito al alma o a los ojos?
	Allí viene mi esposa.
	¡Quién pudiera pensar que en glorias tales
	la vista temerosa
	huyera al ver las próvidas señales
	que me tienen en calma,
	loco el sentido y descompuesta el alma!

(Sale María.)

María	En mi José querido,
	viendo de mi preñez señales ciertas,
	la pena he conocido;
	siento sus dudas, pero abrir las puertas
	al divino secreto
	no será desta causa digno efeto.

José	Este dolor resisto
	con tu auxilio, Señor.

María	A mí me mira
	como que no me ha visto:
	ya al cielo da los ojos, ya suspira,
	y con mansa tristeza

le divierte su llanto en su terneza.
A sus tiernos enojos
resisto, viendo puesta mi esperanza
donde él pone los ojos.

José   Si tiene fe la humana confianza,
¿quién como yo podía
tenerla en las virtudes de María?
Pero al ver...

María   Si le toca
a mi José el soberano aliento
que sale por mi boca,
su consuelo ha de ser.

José   Si mi sentimiento
parece que sosiega
su luz divina, que a mis ojos llega.

(Hasta aquí han hablado todo aparte.)

María   ¡Mi José!

José   ¡Mi María!

María   ¿Tanto espacio dejáis de vuestra esposa
la amable compañía?

José   Es para mí tan dulce como hermosa;
pero cierto accidente
gusto en las soledades me consiente,
donde estoy divertido
en cierta duda; oíd: ¡Ay, cielo santo!
¡Ay, ánimo encogido!

¿Cómo es posible el atreveros tanto?
¡Ay de mí!

María (Aparte.)   ¡Ay, prenda cara,
quién os satisficiera y consolara!
(Alto.)   Pues yo, mi bien, mi Esposo,
¿no he de saberla? El mal comunicado,
¿no es menos poderoso?
¡Mi querido José, mi Esposo amado!
¿Qué habéis? Decidlo al punto...
(Aparte.)   Mas ¿qué diréis, si lo que sé os pregunto?
(Alto.)   ¿En serviros no empleo,
vigilante, el cuidado? Y, peregrino,
no culpéis mi deseo
si vuestros pensamientos no adivino;
informad mi ignorancia,
y la enmienda pondré en la vigilancia.

José   Sol de mi claro día,
revienta el pecho lo que el alma os debe;
pero la lengua mía
a deciros mis ansias no se atreve.
(Aparte.)   Cobarde en mis recelos.

María   Pues yo voy a saberlas de los cielos,
a quien siempre visibles
les son las calidades de las cosas
y en quien nunca imposibles
fueron las maravillas milagrosas:
que a quien Dios no le inspira
su luz excelsa, ciegamente mira.
Vos, esposo, entre tanto
poné en la suspensión la confianza,
mientras el cielo santo

baja, a lograr mi célica esperanza,
alguna luz divina,
como el alma la espera y la imagina.

(Vase.)

José   Más confuso me deja,
abierto el corazón, la lengua muda.
¿Qué impulso me aconseja
sin luz en las tinieblas desta duda?
¿Quién ciega mi sentido?
¿Tras qué norte tan claro voy perdido?
¿Qué penetrante flecha
rompe mi corazón? ¿En qué imposible
se funda mi sospecha?
Mas ¿puede haber engaño en lo visible?
Pero ¿quién determina
flaqueza humana de mujer divina?
El ver en su semblante
tanta divinidad y compostura
y que al Sol semejante
parece su diáfana hermosura
un viril cristalino,
por quien se mira un resplandor divino;
el ver su heroica vida,
tan milagrosamente conservada,
y el ver que, suspendida,
sobre angélicos hombros levantada,
llega hasta los umbrales
del cielo a ver sus glorias celestiales;
y el ver que, honrando el suelo
que alegre pisan sus hermosas plantas,
le envía abierto el cielo
tan grande infinidad de luces santas,

que parecen estrellas,
y que el Sol baja a coronarla dellas,
me tiene instruido
de sus divinidades eminentes.
¡Mas de haber concebido
la acusan las señales evidentes
y con grande violencia
vence la confianza a la evidencia!
¿Qué haré? ¿Daré piadoso
crédito a lo que vi o a lo que creo?
Confuso y vergonzoso,
vario entre la sospecha y el deseo,
mi paciencia se anega,
mi fe se aviva y mi razón se ciega.
¿Daré razón del caso
al tribunal supremo y eminente?
Mas, ¡ay, que pena paso!
¿Qué será si castigo una inocente
cuyos tiernos despojos
llevo dentro en las niñas de mis ojos?
Demás de que no siento
que pueda ser incasto ni culpable,
ni menos aún solo el pensamiento
de aquel ser tan heroico y admirable.
Mas ¿qué puede haber sido
haber sin obra mía concebido?
¡Si será la doncella
que nos promete el cielo en Esaías,
para encarnarse en ella
la divina Palabra, el gran Mesías
de Israel esperado!...
Incierto estoy, dudoso y admirado,
porque si es tan dichosa
la excelente, clarífica María,

aunque es mi intacta esposa,
indigno soy de hacerla compañía,
y así quiero dejarla,
porque será ofenderla acompañarla.
Mas de la mano franca
de Dios para mi Esposa fue elegida
con la paloma blanca
que vi sobre mi vara florecida;
pues ¿cómo no he dudado
en si es culpa dejar lo que él me ha dado?
Quédese, aunque en la tierra,
gozando como goza de los cielos,
y, acabe yo esta guerra
de entre mis confianzas y recelos
en otros horizontes,
vagando selvas y viviendo montes.
Guiadme, cielo pío...
Pero ¿qué impulso mis entrañas viene
y qué cobarde brío
parece que me arroja y me detiene?
¿Qué nueva duda empiezo?
¿Por qué peñas camino? ¿En qué tropiezo?
Con tan débil quebranto,
parece que del alma me despido
ya sin aliento; tanto,
que el cielo invoco y a la tierra mido
con el mundo pequeño.
¡Qué milagrosamente rindo al sueño!
Sin duda algún misterio
incluye en mí tan súpita mudanza.
Al soberano imperio
consagro el ser, remito la esperanza...
Apenas vacilando
estoy durmiendo cuando estoy soñando.

Gabriel   No temas, José santo,
de David descendiente, pues tu esposa
del Espíritu Santo,
por obra sacrosanta y milagrosa,
concibió castamente
al que ha de ser remedio de la gente.
Y al hijo soberano
que parirá, Jesús le da por nombre,
pues junta, siendo humano,
al ser de Dios naturaleza de hombre,
por que sea posible
al ser Dios inmortal hombre pasible.
Vuelve a tu compañía,
espera alegre al deseado Infante,
que en tu excelsa María
vive gozoso y nacerá triunfante,
quedando esta doncella
tan virgen siempre como siempre bella.
Emanüel llamado
será: nombre también que ha convenido
con el ser de su estado.
Y así en su pueblo se verá cumplido
lo que ofreció Esaías
en sus heroicas, santas profecías.

(Sube la invención y despierta José.)

José   Paraninfo celeste,
oye mi humilde voz; espera, espera.
¿Qué regocijo es éste,
Señor? Para decir como quisiera
el bien que el alma cobra,
lengua me falta, admiración me sobra.

Pero voy a dejarla
a los pies de la célica María,
donde, para mostrarla
tiernamente mi sólida alegría,
les daré por despojos
lenguas en los cristales de mis ojos.

(Vanse, y salen César Augusto, cuatro Senadores y una Sibila.)

César   ¡Notable maravilla!

Senador I   ¡Al mundo
                  espanta!

César   ¿Es posible que el cielo facilite
                  tanto bien que en la tierra se levanta?
                  ¡Fuente de aceite en Roma, y tal, que imite
                  al agua en claridad!

Senador II   Copiosa y tanta,
                  que ya que con el Tíber no compite,
                  en su margen al Sol resplandeciente
                  alegra más que su cristal corriente.

Senador III   Así dicen que el cielo nos declara,
                  dando, para decir tu suerte altiva,
                  fértil boca a la tierra y lengua clara
                  al pacífico fruto de la oliva,
                  que por Dios de la paz divina y rara
                  el dilatado mundo te reciba
                  y Roma te levante altares sacros,
                  ardientes piras, divos simulacros.

César   A vuestra inclinación y a vuestro ruego,

muchas fuerzas les diera esos indicios,
si al bien común y al general sosiego
mirara estar los dioses más propicios;
pero dudoso estoy, confuso y ciego
de ver que mis continuos sacrificios
mudos responden, y hoy me han declarado
que a un Niño hebreo se los ha mandado.
Con todo, si descubre este misterio
tu sacra lengua y a decirme viene
que para el soberano ministerio
soy el hombre mejor que el mundo tiene
y que mi dignidad y magno imperio
tan solamente a mi valor conviene,
me adoraréis el pie sobre la bola
por digno della a mi persona sola.

Sibila   Mi espíritu, movido y levantado,
señor, a las esferas celestiales,
cuyo dueño infinito, coronado
de glorias infinitas inmortales,
ha infundido en las mías y ha causado
a efecto tal divinidades tales,
digo que he visto; escúchame y perdona
el respeto que pierdo a tu corona.
Que a ti, pues no eres Dios, no se te debe
divina adoración, ni el mejor hombre
eres del mundo tú para que lleve
el primero lugar y el mejor nombre;
ni el autor de la paz tampoco apruebe
ninguno que eres tú, ni tal renombre
es dignamente tuyo en ningún modo;
pero si quieres ver el que lo es todo
y salir del confuso barbarismo,
vuelve al cielo los ojos; no te espante

con sus rayos el Sol, que al cielo mismo
hoy te concede vista penetrante;
contempla absorto el misterioso abismo
que te descubre gloria semejante.

Voz   Esta del cielo generosa planta
es el Hijo de Dios, el ara santa.

(Descubren en lo alto María, Jesús y José, en la forma que dirán los versos.)

Sibila   Mira lo que yo vi en el cielo santo,
aquella mujer mira coronada
del Sol hermoso y por lo azul del manto,
de estrellas circuida y rodeada,
con la Luna a los pies, luciendo tanto
por verse así divinamente honrada.
Mira en su heroico brazo, al pecho asido,
al tierno Niño, de hoy recién nacido,
el cual en ella fue sin obra humana
concebido y nació quedando ella
siempre virgen por obra soberana
del que la hizo tan divina y bella.
Y la paz general que al mundo allana,
pues bajó de sus orbes a ponerla
entre los hombres, claro está que es suya
y a él es bien que solo se atribuya.
Y la fuente de aceite que ha manado
en Roma con extraña maravilla,
señala que su imperio dilatado
siempre en ella tendrá su heroica silla,
donde, permaneciente y adorado.
el que la ocupará podrá lucilla
con la luz clara la divina ciencia
de su misericordia y providencia.

Aquel Dios inmortal y niño hermoso
es, pues, Señor, el solo Soberano,
tan grande, tan inmenso y poderoso,
que no solo tú pendes de su mano,
pero de su gobierno milagroso,
que ciego mira el pensamiento humano,
penden las once esferas luminosas
y todo el ser de las humanas cosas.
Y aquél es que con vista penetrante
contemplándolo está tan tiernamente,
padre adoptivo de tan tierno Infante;
varón tan escogido y eminente,
que lo fue para esposo vigilante
de su madre y lo es virginalmente.
Mira si, habiendo sido tan dichoso,
merece nombre del mejor esposo.

César   Parece que me influye tal respeto,
que postra la grandeza en mi persona
y adoración divina le prometo,
dando al suelo el laurel de mi corona;
todos lo mismo haced.

Senador I   Extraño efeto
hace en los corazones.

Senador II   Aficiona.

Senador III   Su Majestad admira.

Senador IV   Miedo pone.

César   Ya entre las nubes densas se traspone.
¿Dónde ha nacido?

Sibila	En un lugar llamado Belén, de la provincia de Judea.
César	Escríbase a Herodes que cuidado ponga luego en buscarle, por que sea en Roma conocido y adorado, donde, si quiere el cielo que lo vea, prometo, con su nombre y con su ejemplo, este palacio consagrarle en templo.

(Vanse. Salen Enaín y tres Salteadores.)

Enaín	Por aquí saldré al camino que perdí.
Salteador I	¿Quién va?
Salteador II	¿Qué gente?
Enaín	Poca, pues aun yo no soy un hombre entero. ¿Qué quieren?
Salteador III	¿Traes dinero?
Enaín	¿Para qué? ¡Gentil disparate es ése, sabiendo que pesa tanto para los que a pata vienen!
Salteador I	Desnúdate.
Enaín	Bueno es eso. Apostaré que no emprenden

a desnudarme, y aun más,
que no osan o no pueden.

Salteador I   ¿No es nada la confianza?
Pues acaba.

Enaín   Oigan, esperen;
¿no conocen a María
y a José?

Salteador I   Opinión tiene
hasta en los ocultos montes.

Enaín   Pues de los dos soy sirviente,
que en la jornada que hacen
los sigo; pero apartéme
de su santa compañía
para buscar una fuente
donde apagase la sed,
y heme perdido; que siempre
los que se apartan del bien
es sin duda que se pierden.
Pero allí veo el camino;
mas si quieren que les cuente
mil cosas que les encanten,
por que alguna cosa lleven
de mí, pues no pueden más,
escuchen.

Salteador I   Donaire tiene.
Alto di.

Enaín   Sabrán, señores
ladrones, aunque corteses,

que María, santa esposa
de José, dichosamente
un niño parió en Belén,
donde vieron sucederse
milagrosas maravillas
en su nacimiento alegre,
porque se puso la noche
como el día cuando vence
las tinieblas con los rayos
de su Sol resplandeciente;
y con ser cuando el invierno
viste los montes de nieve,
tuvo la templanza amable
de la primavera fértil.
Y estando algunos pastores
entre admirados y alegres
de ver novedad tan grande,
un ángel nos aparece
y dice con voz que tanto
regala como suspende:
«En la ciudad de David
nació milagrosamente
el Ungido del Señor,
el Salvador de las gentes.»
Y viendo lucir después
esplendores que parecen
de espíritus, que en los aires
cantaban «Gloria in excelsis»,
atónitos nos miramos
y quedamos como suelen
en los montes y en los campos
los árboles y las mieses
cuando parece que escuchan
con el silencio que deben

al murmurar cristalino
de los arroyos corrientes;
pero, pasado el asombro,
corrimos ligeramente
a ver un dichoso parto,
que las pajas de un pesebre
tenía por blanda cama,
puesto como un cielo breve
entre una mula y un buey.
¡Qué humildad tan eminente!
Allí José y María
se enternecían de verle;
y allí, aunque humilde a los ojos,
tanto vale y tanto puede,
que, guiados de una estrella
de las partes del Oriente,
por milagro le buscaron
y le adoraron tres Reyes;
por lo cual, celoso Herodes,
un demonio se le mete
en el ambicioso pecho,
y viendo que no le pueden
traer al divino Infante,
ha mandado que degüellen
los niños, siendo deudor
de tanta sangre inocente,
y así sus padres piadosos,
por excusarle la muerte,
por entre montes caminan,
que insensibles le obedecen,
pues sus fieras no lo son
para ellos, antes pierden
su braveza y a sus pies
se sujetan mansamente.

Mas volveos a ver, que ya
en un jumentillo viene
la Madre del santo Niño,
asido a su pecho siempre,
con su esposo siempre al lado,
y mirad qué bien parecen
dos leones que los guían,
menos feroces que alegres.

Salteador II   ¿Leones?

Enaín   Sí; no temáis,
que ya el Niño omnipotente,
conociendo vuestro espanto,
ha mandado que se queden.

Salteador I   Con apacibles respetos
nos admiran y detienen.

Salteador III   Imán son de corazones.

Salteador II   Glorias del cielo contiene.

(Sale María en un jumento, con Jesús en los brazos y José al lado.)

María   Mi José, la humanidad
del santo Niño apetece
el fruto maduro y bello
desta palma.

José
(Bájase la palma.)   Cogeréle,
si es posible. ¡Oh admirables
maravillas, pues que vencen

al entendimiento humano!

Enaín
¿Qué le decís? ¿Qué os parece?

Salteador I
Que en milagros tan heroicos,
solo admiraciones pueden
satisfacer al deseo.

Enaín
¡Jesús santo, Niño fuerte!
¿Hay para todos, Señor?

María
Ya licencia te concede;
coge y come.

José
¿Qué te hiciste,
Enaín?

Enaín
Solo perderme;
pues busqué, muerto de sed,
por mil partes una fuente,
y fue vana diligencia.

José
Aflige excesivamente
el calor; con sed estoy;
mas esta tierra no tiene
manantiales cristalinos.

Enaín
Señor, quien come y no bebe,
en lo recio del calor
mayor trabajo padece.
Vuestro padre tiene sed,
y yo y todo.

María
Presto entiende

(Surte una fuente.)   las peticiones humanas
el divino Omnipotente.

José   ¡Oh milagrosa piedad!
Hoy por vos la tierra vierte
cristal y lágrimas yo
del alma que se enternece.

(Beben.)   Amigos, bebed del agua
que tan milagrosamente
nace de la seca tierra.

Salteador II   Lleguemos todos.

Salteador III   Y lleguen
al cielo las alabanzas.

Salteador I   Dignamente se les deben
a milagros tan famosos.

Salteador II   ¡Bella frescura!

Salteador III   Excelente.

Salteador I   Señor, aunque mis miserias
me acongojen y avergüencen
y aunque la vida que llevo
contradice a estas mercedes,
mi mujer, a quien las cuevas
le doy por injusto albergue,
tiene en los enfermos brazos
un niño de siete meses,
que Dimas tiene por nombre;
y como en su pecho estéril
no halla el sustento ordinario,

muere el pobre, y con él mueren
los gustos que tengo en él;
y si es que posible fuese
que de vuestra leche santa
sola una gota le diesen,
sin que a vuestros santos pechos
sus indignos labios lleguen,
cosa segura es después
que lo animen y alimenten
de su madre aliento solo;
si es que mis ruegos os mueven,
cerca está, hacedlo por Dios.

María   Sí haré, pues se compadecen
mis entrañas, y también
mi tierno hijo me advierte,
que Dimas será el primero
humano que al cielo lleve.

José   Su misericordia santa,
dichoso quien la merece.

Enaín   Y podrá decir entonces,
gozando tan altos bienes,
que los mereció en el cielo,
porque los mamó en la leche.

Salteador I   ¡Que merecí tantas glorias!
Vamos.

José   Medroso me tienen
las detenciones. ¡Ay, cielo!,
que en mi divino inocente
el duro hierro de Herodes

me está amenazando siempre.

María

No temáis, amado esposo,
que en la ciudad de Siene,
de la provincia de Egipto,
nos pondrá en distancia breve
nuestro milagroso infante.

José

Pues el gran Rey de los reyes
nos gobierna y nos defiende,
seguras las horas corren
y en vano las dudas temen.

(Vanse. Salen Afrodisio, Sumo sacerdote, del templo que llaman Capitolio en
la ciudad de Siene; un Capitán y otros.)

Afrodisio

La general alegría
desta devota ciudad
es tal, que da claridad
sobrenatural al día;
y en el Capitolio santo
la celebra tanta gente,
que exterior y ocultamente
da contento y causa espanto;
y todo sirve de indicios
que admiten de nuestras manos
nuestros dioses soberanos
los sagrados sacrificios.
Bañen, pues, sus divas aras,
al fuego resplandecientes,
de las víctimas recientes
variedad de sangres claras,
y con himnos y con cantos

suba exhalando vapores
de los árboles olores
el humo a los cielos santos.

Capitán

Ya está todo prevenido
y parecen racionales,
sin serlo, los animales
que al sacrificio han traído.
El blanco toro paciente
de sí el coraje destierra,
no escarba la móvil tierra
y humilla la torva frente.
El humilde corderillo
pone con manso consuelo
los balidos en el cielo
y la garganta al cuchillo.
Y los demás, por tener
de su paciencia los modos,
parece que ofrecen todos
la sangre que han de verter.

Afrodisio

Pues nosotros de rodillas
ofrezcamos a los cielos
los milagrosos consuelos
de sus altas maravillas.

(Arrodíllanse todos. Entran María, José, Jesús y Enaín.)

José

¡Oh milagrosa piedad!,
en un punto hemos llegado
adonde la egipcia tierra
seguramente pisamos.

María

Entremos en este templo,

donde los misterios altos
veréis de mi eterno Hijo.

Enaín   ¡Quién imaginara tantos!

(Hacen ruido como que caen los altares de los ídolos y se espantan los egipcios.)

Capitán   ¿Qué es esto? ¡Válgame el cielo!

Afrodisio   ¡Válganme los dioses santos!
                     ¡Los altares han caído
                     de los ídolos! ¿Qué agravios
                     vengan ahora en nosotros
                     con prodigios tan extraños?

María   Ya lo que dijo Esaías
                     veo cumplido mirando
                     que, puesto en la sutil nube
                     de su humanidad, ha entrado
                     en Egipto el Señor sumo,
                     y a su presencia postrado
                     están de los falsos dioses
                     altares y simulacros.

Afrodisio   Ya veo la heroica causa
                     deste Prodigioso espanto;
                     su divinidad adoro
                     y conozco sus engaños.
                     Ya, egipcios, se ve cumplido
                     lo que habrá infinitos años
                     que por tradición tenemos
                     de nuestros doctos pasados,

como santa profecía
de un varón hebreo y santo,
que dijo que habría tiempo
en que viniese triunfando
a Egipto el Dios de Israel,
niño tierno, y en los brazos
de una divina Doncella,
y dejaría, en llegando
a ver su presencia, mudos
nuestros egipcios oráculos,
siendo la total rüina
de sus divos simulacros.
Y pues ya cumplida vemos
esta verdad, ¿qué esperamos?
Adorémosle por Dios
solo verdadero y alto;
que éste es el Dios de Israel,
que hizo tantos milagros
por su pueblo en nuestro Egipto;
y a Faraón, obstinado
con sus ejércitos todos,
poderosamente bravos,
anegó en el mar Bermejo:
adorémosle y temamos
otro general castigo.

Capitán   Ya el suelo humildes besamos,
                 y adorando su grandeza,
                 clamemos todos, digamos:
                 «¡Viva el gran Dios de Israel!»

Todos   ¡Viva, viva!

José   ¡Ay, cielo santo;

tus inmensas maravillas
contemplo con ojos claros!

María   ¡Gloria a Dios en las alturas,
a quien el alma consagro!

Afrodisio   Llevémosle en procesión.

Capitán   Y siempre diciendo vamos:
¡Viva el gran Dios de Israel!
¡Viva el Niño sacrosanto!

Fin de la segunda jornada

Jornada tercera

(Sale José.)

José

Ya mi adorada María,
y Jesús que va con ella,
cuya luz divina y bella
es el norte que nos guía,
en el puesto señalado
estarán; aun no han venido.
Hasta aquí fue permitido
haberlos yo acompañado,
pues desde aquí las mujeres
y los hombres van al templo
divididos; digno ejemplo
de tan santos pareceres.
Mucho tardan; he llegado
apenas; tanto las siento,
que un siglo de pensamiento
doy a un punto de cuidado.
Mas fáltame su presencia,
y es muy propio y con razón
medir con la estimación
de los ausentes la ausencia.
¿Si fue el Niño soberano
con su madre? Aun no lo sé
con certeza; yerro fue
el dejarlo de la mano.

(Sale María)

María

De ver mi José querido
y mi Jesús adorado,
el deseo y el cuidado

mil siglos me han parecido;
porque estoy dellos ausente
como sin el Sol el día,
el caminante sin guía
y el piloto sin tridente;
y así, aun siendo limitada
su ausencia, me pareciera
larga, por ser la primera,
y por ser suya, pesada.
¿Si habrá mi esposo llegado
donde con él concerté?
Dudosa traigo la fe
y temeroso el cuidado.
¿Y mi Hijo? ¿Si estará
con él? Que aun estoy dudosa.

José	¡Sin Jesús viene mi esposa!
María	¡Sin Jesús mi esposo está!
Los dos	¿Y Jesús?
José	¿Esposa?...
María	Esposo, ¿no quedó con vos?
José	¿Con vos no quedó?
María	Crece en los dos cuidado tan amoroso.
José	Ya con penas he pagado

la culpa que cometió
mi descuido.

María   Y la que yo
excusé en vuestro cuidado.
¿Dónde, ¡ay, José!...?

José   ¡Ay, María!

María   ¿Le hallaré?

José   ¡Triste ocasión!
¡Ay, Dios de mi corazón!

María   ¡Ay, Hijo del alma mía!
Tu peligro no recelo,
que no lo puede tener
quien tiene el mismo poder
en la tierra que en el cielo;
Pero temo que te has ido
al desierto y me has dejado.

José   Quizá de mí, aunque adorado,
descontento y mal servido;
yo lo confieso, Señor,
y conozco, aunque me pesa,
para tan heroica empresa
en mi pequeño valor.
Ya sé que te ofenderías
del poco merecimiento;
si no de mi pensamiento,
de mis obras, por ser mías.
Y si esto te daba enojos,
a mí solo me destierra

a lo inculto de la tierra
desde el cielo de tus ojos.
Mas no permitas que, ajenos
de los deméritos míos,
salgan de madre estos ríos,
que lo es tuya cuando menos.
Y mira si pagaré
bien caro el volverte a vella
con estar sin ti y sin ella,
por que ella contigo esté.

María No lloréis, esposo amado,
que por ver lo que en vos siento
dejara yo el sentimiento,
más no me deja el cuidado.
Preguntad por esa parte
por donde los hombres vienen
si alguna noticia tienen
del que mis entrañas parte,
que yo por ésta iré a hacer
otra tanta diligencia
en las mujeres.

José   Ausencia
y de Dios, ¿cuál puede ser?
Su dolor me lleva loco.
¡Ah, señores, escuchad!

(Salen dos Judíos.)

Judío I ¿Qué nos queréis?

José   Perdonad
mi llanto y oídrne un poco.

94

¿Habéis visto por ventura,
que bien grande hubiera sido,
a un Niño que yo he perdido,
tan bellísima criatura,
que nunca a humano varón
le dio la Naturaleza
tantos grados de belleza,
tantas causas de afición?
¡Es un extremo!...

Judío II   ¿Qué edad?

José   Doce años debe tener;
mas no le debiste ver...
Dios os guíe y perdonad,
porque, si le hubierais visto,
os bastaran estas señas.

(Vanse.)

Judío I   Adiós.

José   Y a mover las peñas
vuelva el llanto, a quien resisto.
Señora, buscando voy
nuestro bien por esta parte;
ve por ésa, y a buscarte
volveré.

María   Sin alma estoy.

José   Aquí mismo nos veremos.

María   Donde tan cierto ha de ser

que no nos podremos ver
si es que sin Jesús nos vemos.

José   Porque, ciegos con el llanto,
                hemos de volver los dos;
                dulce esposa, adiós, adiós.

María   El os guíe, esposo santo.

(Vase José y salen dos Mujeres.)

                Hijas de Jerusalén:
                ¿habéis visto, habéis sabido
                de un Niño que yo he perdido,
                que es mi Hijo, que es mi Bien?

Mujer I   Dadnos las señas, Señora.
                y esperad algún consuelo.

María   ¿Visteis en el claro cielo
                resplandeciente la aurora?
                Así es blanco y encarnado;
                en ser limpios y en ser bellos
                vencen los rubios cabellos
                los rayos del Sol dorados.
                Parece su frente hermosa
                el arco en que Dios envía,
                tras el borrascoso día,
                la paz segura y dichosa.
                Son sus ojos de palomas
                celestiales maravillas;
                son jardines sus mejillas
                de bálsamos y de aromas.
                Son sus labios de coral,

por cuya dulzura espera
el mundo un alma de cera
en su pecho de cristal.
Y si no os han satisfecho
las señas, llegad, miradle,
reconocedle, adoradle
por mis ojos en mi pecho,
donde semejanza tal
en mi corazón admite
su retrato, que compite
con el mismo original.

Mujer II   ¡Señora, qué tierna estoy
de ver el dolor que sientes!

María   Pues causas tan evidentes
para conocerle os doy,
decí, amigas, si a mi Cristo
viste.

Mujer I   En vuestros extremos
y en vuestros ojos le vemos,
pero no le habemos visto.

Mujer II   Ni podemos resistir
la terneza deste llanto...;
perdonad.

(Vanse.)

María   ¡Ay, cielo santo,
por vos la puedo sufrir!
¡Ay, mi Hijo! ¿Qué te has hecho?
¿Cómo? ¿Dónde, ¡ay triste calma!,

te perdí, sino del alma,
de los brazos y del pecho?
¿Cómo no te lastimaste
de dejarme sola y triste?
¿Por qué sin mí te perdiste?
¿Por qué sin ti me dejaste?
Si sin méritos estoy
de gozar tu compañía,
tampoco el ser merecía
tu esclava y tu madre soy.
Si servirte no he podido
como tú lo mereciste,
tampoco al mundo viniste
tú, mi Dios, a ser servido;
pues con entrañas tan puras
quisiste en forma venir
de siervo humilde a servir
a tus humanas criaturas.
Y si al desierto te has ido
con tu primo, ¿no pudiera
serte allí fiel compañera
madre que tan tuya ha sido?
Pues buscaréte, alma mía,
y hallaréte, pues prevengo
en el amor que te tengo
una estrella que me guía,
demás de que asegurar
te oí siempre entre los dos
que nunca el que busca a Dios
puede dejarlo de hallar.
Pues mí hijo, siendo así,
no es posible el ser yo tal;
que regla tan general
padezca excepción en mí.

Ya con más ánimo estoy,
pues cosa tan cierta es
el guiar siempre mis pies,
pues siempre en tus manos voy.

(Vase. Salen cuatro Escribas con unos capirotes y bonetes rojos, o con vestiduras largas, y siéntanse en las sillas, y ha de haber una más alta.)

Escriba I

Justo será que miremos
en qué el pueblo se ha fundado
para estar alborozado
entre porfías y extremos,
diciendo que ya el Mesías,
en nuestra ley prometido,
cumplió con haber venido
lo que promete Esaías.
¡Ojalá vieran mis ojos
las glorias que no merecen!

Escriba II

Pues no penséis que parecen
sus fundamentos antojos,

(Sale Jesús y pónese tras la silla de uno de los Escribas.)

porque el ver el mundo llano
con la paz que en él está
y que el cetro de Judá
gobierna extranjera mano,
pues para su nacimiento
estas señales han dado
los profetas, bien fundado
nos muestra su pensamiento.
Demás de que califica
esta verdad infinito

lo que del César escrito
se dilata y se publica.

Escriba III   No es posible persuadirme
que haya en eso fundamento;
porque nos dice Esaías
que al Mesías esperemos
para ser legislador
y Señor del mundo, y luego
nos declara en otra parte,
donde trata de lo mesmo,
que ha de venir riguroso
para llevar justiciero,
como avenida de río,
las gentes del universo;
como echando de la boca
fuego vivo contra aquellos
que su santo pueblo opriman,
para tenerle sujeto,
y eso dice, pienso yo,
por los romanos soberbios.
Salomón dice también
que el abismo, tierra y cielo
temblarán en la presencia
de su tribunal supremo.
Zacarías, que vendrá
con grande acompañamiento
de santos, que deben ser
los capitanes guerreros
de su ejército famoso,
con que bajo de su imperio
ha de sujetar el mundo.
Daniel nos declara en esto
que le servirán humildes

del general hemisferio
las tribus y las naciones.
Pues ninguna cosa vemos
destas suceder agora,
bien asegurar os puedo
que no ha nacido el Mesías.

Escriba IV   Es concluyente argumento.

Escriba I   Sombras son de la esperanza.

Escriba II   Alborotos son del pueblo.

Jesús   Admiración me ha causado
que a tan insignes maestros,
a letrados tan heroicos,
puedan convencer tan presto
tan poco fuertes razones.
Decid: ¿Los profetas mesmos
no han escrito del Mesías
lo que agora habéis propuesto?
¿Por ventura no nos dicen
también notables extremos
de su humildad y pobreza?
¿En Zacarías no es cierto
decir que vendrá ese Rey
tan humilde, manso y tierno,
que, al tomar la posesión
de su dilatado reino,
para entrar en su ciudad
un jumentillo pequeño
será su triunfante carro?
¿No nos lo pintan sujeto
a varias persecuciones

de sus trabajos inmensos?
¿No dice dél Esaías
que, como manso cordero
por la salud de los hombres
al sacrificio dispuesto,
en las mayores injurias,
tribulaciones, tormentos,
sin que despegue los labios
ha de estar? Pues según esto,
dos venidas han de ser
las suyas, presuponiendo
que de una sola no pueden
verificarse en un tiempo
cosas que, por ser contrarias
harán contrarios efectos;
así que se ha de entender
las que tú nos has propuesto
de su venida segunda,
cuando, cual juez severo,
para castigar pecados
venga a fulminar procesos.
Pero en la primer venida,
que viene a poner remedio
en el mundo y no a juzgarle,
así le consideremos
como veis que os le he pintado:
humano, piadoso y bello,
porque así ha venido ya
para redimir muriendo
el mundo; así está en la tierra,
y así le adoran los cielos.

Escriba I   ¿Quién mueve tu sabia lengua,
                   Niño divino?

Escriba II   ¡Suspensos
                                  nos deja, con causa, a todos

Escriba III   Tal ciencia en años tan tiernos
                                  milagrosa debe ser.

Escriba IV   Yo por divina la tengo
                                  en un angel; llega, toma
                                  entre nosotros asiento.

(Siéntase Jesús en la silla de en medio.)

                                  Prosigue, admirable Niño;
                                  ve declarando y diciendo
                                  en qué doctrina has fundado
                                  tan soberanos conceptos.

Jesús   Para ver que están cumplidos
                                  los oráculos proféticos
                                  y que al tiempo hemos llegado
                                  que nos señalaron ellos,
                                  acordaos que a Gabriel,
                                  de Dios paraninfo bello,
                                  porque a su profeta santo
                                  Daniel diese consuelo,
                                  lo envió con su embajada
                                  desde sus orbes eternos,
                                  y le señaló por plazo
                                  determinado y dispuesto,
                                  para ver de los humanos
                                  el universal remedio,
                                  setenta semanas de años,
                                  y que, acabados con ellos

el pecado y la maldad,
quedaría en este tiempo
borrada la culpa grave,
dando estado sempiterno
a la celestial justicia,
y tendrían cumplimiento
las profecías de entonces,
siendo ungido el Rey inmenso
de reyes, Santo de santos
y de la virtud espejo.
Comenzando estas semanas
anales del día mesmo
que en la gran Jerusalén
se publicase el decreto
de la reedificación
de su santísimo templo;
pues si desde aqueste día
hasta que esté manifiesto
en la tierra el gran caudillo
Jesús Cristo, el Rey eterno,
el Ungido principal,
pasarán, como sabemos,
sesenta y nueve semanas,
y en los siete años postreros
que las setenta concluyan
padecerá en un madero,
consumándose la ley,
Y en el sacrificio nuevo
de la hostia quedarán
los antiguos y los viejos;
siendo verdad infalible
esto, cuando cerca vemos
los fines desta semana,
en quien prometen los cielos

al Mesías, ¿cómo dudan
los científicos ingenios
que se ha humanado y nacido
y esta escondido y secreto?

Escriba I   Admirables son tus cosas.

Escriba II   Es un soberano extremo.

Escriba III   Declara cómo vendrán
                     a cumplirse en estos tiempos
                     esas setenta semanas.

Jesús   Desta suerte: estadme atentos.
                     Ciro, que imperó en los persas,
                     primer año de su imperio
                     dio la primera licencia
                     de reedificar el templo,
                     y dio gran número de hombres,
                     que a Jerusalén vinieron
                     a levantar su edificio;
                     pero convino primero
                     reedificar la ciudad,
                     y no empezaron por esto
                     las Hebdómadas entonces,
                     hasta que después tuvieron
                     nueva facultad de Dario
                     para proseguir el mesmo
                     de su imperio a los veinte años
                     y así, desde entonces cuento,
                     hasta que el Magno Alejandro
                     levantó el imperio griego,
                     tiranizando del persa
                     la Corona, que corrieron

ciento y cincuenta y dos años;
poseyéronla los griegos
doscientos setenta y seis;
lo que ha que dura el gobierno
de los romanos son treinta
y siete, hasta cuatrocientos
y noventa, que es la suma
de las Semanas, contemos
que nos faltan veinte y cinco
Y diez y ocho, hasta el primero
de la postrera semana;
pues si de allí ha tres y medio
que ha de venir el Mesías
es tan crédito y tan cierto,
¿quién duda que esta en el mundo?
¿y no sabéis demás desto
que nacio un Niño en Belén
y mostró su nacimiento
tan prodigiosas señales?...

Escriba I   Así a mí me lo escribieron.

Escriba II   De muchos lo supe yo,
                        visto por sus ojos mesmos.

Jesús   Y a pocos días después,
                        ¿no se presentó en el templo
                        en los brazos de su Madre?
                        ¿No se admiraron de verlo
                        y lo recibió en los suyos
                        Simeón, el santo viejo,
                        y, confesado ser él
                        el Mesías verdadero,
                        le adoró deshecho en llanto,

tan alegre como tierno?
Y en Ana la profetisa,
¿no visteis el mismo extremo?
Pues ¿cómo pueden negar
humanos entendimientos
que el Mesías prometido
goza el mundo, admira el cielo?

Escriba III   ¿Quién puede contradecir
                     a tan fuertes argumentos?

Escriba IV   Verdades tan apuradas
                     nunca admiten contrapuestos.

(Levántase para irse.)

Escriba I   Niño de mi corazón,
                     ven con nosotros; sabremos
                     quién eres.

Escriba (Aparte.)   Él es, sin duda,
                     porque causa en nuestros pechos
                     alborozo.

Escriba III (Aparte.)   Y da ocasiones
                     de admiración y respeto.

(Al irse, sale María.)

María   ¡Hijo, mi bien, mi alegría,
                     mis celestiales despojos,
                     mi perdido de mis ojos,
                     aunque no del alma mía!
                     ¡Mi soberano tesoro,

escondido en mi deseo!
¿Qué os hallo, amores, que os veo?
¿Qué os abrazo y qué os adoro?
Sin vos, mi Jesús querido,
¡qué congojas he pasado!...
¡Qué perdida os he buscado!...
¡Qué afligida os he perdido!...

(Sale José.)

José   ¿Hay tal gozo, hay gloria tal?
Tras la tristeza podría
acabarse la alegría....
pero no, que es celestial.
¡Ay, Hijo, tan bien hallado!
¿cómo? ¿Dónde, Hijo querido?
De contento estoy perdido
y de alegre estoy turbado.
Mi Jesús, mi bien, ¿qué os vemos
mi esposa y yo? ¡Quién pudiera
deciros, quién os dijera
las ansias y los extremos
con que estuvimos los dos
sin Vos, sin ser, sin vivir!...
Mas ¿qué más he de decir,
pues he dicho que sin Vos?

María   ¡Hijo de mi corazón!
¿Cómo nos tratáis así
a vuestro padre y a mí?
¿Son culpas nuestras?

Jesús   No son:
mas conviene, amada Madre,

108

que me ocupe entre las gentes
en cosas pertenecientes
al ser de mi Eterno Padre;
pero con todo, os prometo
que otra vez no he de afligiros,
sino amaros y serviros
como súbdito y sujeto,
entreteniendo la vida,
sin daros otro cuidado
hasta el tiempo señalado
para el fin de mi venida.

Escriba I   Pues la llamastes esposa,
vuestro será el bello infante,
tan del todo semejante
a su madre, ¡extraña cosa!

Jesús   Mis queridos padres son.

José   Disculpad nuestra alegría
el no hacer la cortesía
que os debe la obligación.

Escriba II   ¿Cómo en la ciencia divina
a ser tan perito viene?

María   Del mejor maestro tiene
la enseñanza y la doctrina.

Escriba III   ¡Admira en tan tierna edad!

Escriba IV   Cuando llegue a la perfeta,
anuncia que un gran profeta
ha de ser.

109

Escriba I	Por él mirad, y haced gracias a los cielos, que un eminente varón os dio por hijo.
María	En mí son sus alabanzas consuelos.
José	Y si licencia nos dais, nos iremos.
Escriba II	Esa estrella os guiará, aunque sin ella como sin luz nos dejáis.
María	Vamos, Hijo.
Jesús	Madre, vamos.
María	Asido te llevaremos.
José	Sí, porque así aseguremos que otra vez no te perdamos.
María	Como preso deste modo, Hijo, has de ir.
Jesús	Por los humanos lo he de estar en otras manos bien diferentes en todo.

(Vanse los tres.)

Escriba III	Tanta admiración me ha dado su niñez heroica y clara, que en este niño adorara al Mesías esperado; pero el estar advertidos que dél no se ha saber cúyo hijo sea y el ver déste padres conocidos, me retira y me suspende.
Escriba IV	En eso no hay que dudar, que es así.
Escriba I	Para mirar en la forma que se entiende sería bien revolver las Sagradas Escrituras.
Escriba II	Sí, porque el mirar a oscuras cómo se debe entender es agravio de la ciencia.
Escriba III	Apuremos la verdad.
Escriba IV	Y dénos su claridad la divina Providencia, porque aquel infante hermoso que los ánimos granjea no es posible que no sea eminente y milagroso.

(Vanse. Salen Isacar y Enaín, sacando un banco de carpintero y los instrumentos del oficio.)

Isacar	Con el obrador esté lo demás aparejado. ¿Ya no sabes el cuidado de José?
Enaín	Tanto lo sé y en él tantas maravillas he visto para admirarlas, que, aunque sé considerarlas, no me atreveré a decillas, que my lengua siempre ha sido como la hacienda en que trato.
Isacar	¿Si vendrá luego?
Enaín	Ya ha rato que pudiera haber venido, porque cuanto se imagina, en él por milagro está, por milagro viene y va, pues por milagro camina. Por milagro se le aumenta en su casa todo el bien, que da a pobres y también por milagro se sustenta; pero tal esposa tiene y tal hijo que de Dios lo parece.
Isacar	Ya los dos vienen, y él con ellos viene.

(Salen José y Jesús.)

José	¡Qué gozoso, qué contento
	voy codicioso a ejercer
	el trabajo que ha de ser
	de tales vidas sustento!
	Amigos, id, devastad
	aquel tronco entre los dos.
	Jesús, y ayudadme Vos
	entre tanto.
Jesús	Bien está.
Isacar	Vamos.
Enaín	Seguro quedáis
	de que acierte a sustentaros.

(Vanse Isacar y Enaín.)

José	¿Qué hacéis, Señor?
Jesús	Ayudaros,
	padre.
José	En todo me ayudáis;
	pero cuidado no os cueste
	si el trabajo no es mayor,
	porque si os dije, Señor,
	que me: ayudarais en éste,
	fue, bien mío, porque a Vos
	os trato yo, aunque me aflijo,
	en público como a hijo
	y en secreto como a Dios.
Jesús	Alzaos, padre.

José	No es razón.
Jesús	Yo he de ayudaros; dejad que ocupen mi humanidad acciones que suyas son. Dejadme, que gusto siento de verme en esto ocupado, a la madera inclinado, que ha de ser el instrumento de la obra generosa que he de hacer, para la cual dejé el asiento inmortal de la esfera luminosa.
José	Creador del firmamento, Niño grande, Dios humano, con impulso soberano y encogido atrevimiento que os obedezca es forzoso y que os diga es imposible este trabajo apacible y este ejercicio dichoso cuanto en mí será por Vos gloriosamente importante, viendo en el participante no menos que al mismo Dios.
Jesús	Bien se advierte, José, cuánto estás en la gracia mía, pues en ti de cada día crecen tus niéritos tanto; mas considera el amor

que yo a los humanos tengo,
pues por él a morir vengo,
y en él mirarás mejor
el que yo te tengo a ti
si es más grande y más piadoso,
pues que para ser esposo
de mi madre te escogí,
dándole a tu santo brío
capacidad que le cuadre
para esposo de mi madre
y, para nutricio mío.

José   Pues por Vos he merecido
dignidad tan eminente,
ea, mi Hijo obediente
y mi padre obedecido,
comenzad a trabajar,
porque obedeceros quiero;
traed la sierra; este madero
y, esotro se han de igualar,

(Andando en el trabajo, cruzándose dos maderos.)

que he de guarnecer con ellos
una puerta.

Jesús   Esperá, oí.
¡Qué bien parecen así!
¡Cuánto me alegro de vellos!
Pues por mi divino ser
tan importantes serán,
que en esta forma que están
puertas del cielo han de ser,
mediante mi sangre pía

por mí en ellos derramada.
¡Cruz bendita, esposa amada,
abrazadme, gloria mía,
pues aquel dichoso día
seréis mi trono real
y la cátedra inmortal
donde yo con padecer
de mi amor he de leer
la doctrina celestial!
Seréis estandarte alzado
para testimonio fiel
del amor que el cielo en él
a los hombres ha mostrado.
Seréis, vencido el pecado,
desta guerra soberana
gran trofeo, palma ufana
y tabla excelsa y patente
adonde el precio se cuente
de la redención humana.
Mil veces por estimaros,
pues la vida he de rendiros,
con el pecho he de mediros,
que la espalda espera daros,
aunque sé que han de cortaros
ancha para el trance estrecho,
porque el general provecho
con vuestro rigor se ajusta
y no me vendréis tan justa
a la espalda como al pecho.

José   No más, Hijo; Señor, baste,
que en cada razón, ¡ay triste!,
mil centellas me encendiste,
mil saetas me tiraste;

de mi corazón sacaste
sangre a mis ojos, Señor,
que para con tanto amor
ver tu divina terneza
mi humana naturaleza
alcanza poco valor.
Pero cuál pudiera ser,
aun cuando no te adorara,
que tu amor considerara
sin enternecerse al ver,
sabiendo tu propio ser
que en nuestra humana querella
no tan solo estás sin ella,
más te alegran de tal suerte
las memorias de tu muerte
en los instrumentos della.

Jesús

Si he venido a recibilla
por los hombres y a humanarme
cuando la espero, alegrarme,
mi José, no es maravilla,
pues mi humanidad se humilla
tanto a esta causa amorosa,
que cuanto más rigurosa
y crüel la considero,
con alma entonces la espero
más alegre y más piadosa,
pues la verán a mis pies
con los poderes vencida,
de mis brazos tan rendida,
que sepan todos quién es
y no la teman después,
antes para su consuelo
la procuren en el suelo,

viendo en ella por mí abiertas
tan de par en par las puertas
de los palacios del cielo.

José

Ya, mi Dios, miro en tus manos
la general redención
y admiro en tu corazón
en favor de los humanos
tus decretos soberanos;
ya, Hijo, te oí decir
que la muerte has de sufrir
y a la muerte has de vencer;
Pero quien te vio nacer,
¿cómo ha de verte morir?
   Quien te ha visto en aquel pecho,
en estos brazos tendido
y en el alma recibido
las mercedes que le has hecho,
aunque en general provecho
del mundo universo sea,
aunque el cielo la desea,
¿cómo se puede atrever
a ver tu muerte y a ver
a tu Madre que la vea?
Y así, mi Jesús, querría,
pues que mi amor es de suerte
que estoy temiendo tu muerte,
perdiendo el miedo en la mía,
que antes que se llegue el día
de su plazo señalado
me saques deste cuidado;
y no solo este bien pido,
mas de verte perseguido
querría verme excusado.

Hazlo, Señor, pues te dio
tantas causas mi buen celo,
y de mi esposa al consuelo
no he de hacerle falta yo,
que si se la hiciera, no
procurara esta jornada;
pero de ti acompañada
hasta aquella rigurosa,
aunque viva temerosa,
ha de vivir consolada.
Después, cuando más le cuadre,
para consuelo y arrimo
no ha de faltarle algún primo
a quien se la des por madre.
Al que con nombre de padre
tanto en la tierra levantas,
honra tras mercedes tantas,
Hijo, con ésta, pues ves
que, pidiéndola a tus pies,
riega con llanto sus plantas.

Jesús   Tienes en mí tanta parte,
mi José, que no te puedo
negar lo que te concedo;
al limbo quiero enviarte.
Allá las nuevas reparte
que mi nacimiento advierte,
para que puedan con verte
consolarte y esperar
a que se las vaya a dar
Juan de mi cercana muerte.

José   Mi Dios hombre, Padre, Hijo,
deja que vuelva a postrarme.

¡Quién sentí pudiera darme
tan celestial regocijo,
pues es tal, que aunque me aflijo
si advierto mi despedida,
ya es de ti favorecida,
ya es tan tuya esta jornada,
que mi muerte imaginada
me parece eterna vida!
Y, Señor, ya te prometo,
si no fue imaginación,
que siento en mi corazón
desta merced el efeto;
ya con impulso quieto
conozco algunos ensayos
entre gloriosos desmayos
de una lenta calentura,
encendida a la luz pura
de tus penetrantes rayos.

Jesús   Ven, pues mis hombros te doy
por apoyo.

José   ¿En qué estoy falto?
Pues aun vivo, en lo más alto
de las esferas estoy;
cuando en tales hombros voy,
¿a quién no admira mi historia?

Jesús   Da descanso a tu memoria,
pues en ellos levantado,
en término limitado
irás a mi eterna gloria.

(Salen antes de entrarse Jesús José, Isacar y Enaín.)

Enaín	¿Va enfermo?
Isacar	Mezclado está el desmayo y la alegría.
Enaín	Harálo la compañía con quien vive y con quien va.
Isacar	Ya sale aquel ángel bello de su ordinaria oración.
Enaín	Su santa contemplación dejará por ir a vello.

(Sale María.)

María   Acabaráme la ausencia
de mi amada compañía;
pero mi Hijo me envía
con divina providencia
consuelos tan soberanos,
que con inmensa humildad
remito mi voluntad
a su gusto y a sus manos,
cuya potencia infinita
es tan grande y es tan fuerte,
que de mi esposo en la muerte
no solo el pesar me quita;
pero pone en su lugar
de glorias tan grande abismo,
que me alegro con lo mismo
que me pudiera acabar.
Con tales merecimientos

llamada por él salí,
porque entre mi Hijo y mí
son lenguas los pensamientos.

(Vase.)

Enaín   ¿Oístelo?

Isacar   Y con razón
siento en el alma tristeza.

Enaín   Una amigable terneza
me desmaya el corazón.

Isacar   Llevemos deste lugar
esto agora.

Enaín   Sí, y después,
pues solo ver a los tres
nos podría consolar,
iremos a verla.

Isacar   Sí;
dices bien.

Enaín   Yo sé que al vellos
me consolará por ellos
lo que me aflige por mí.

(Salen Ismael, Efraín y Abder y los más que pudieren.)

Abder   ¿Enfermó el santo varón
José?

Isacar	Informarnos han en su casa; entrá.
Enaín	Y verán si nuestras personas son de algún servicio o provecho a él, a Jesús o a María.
Abder	Por cualquier dellos daría toda la sangre del pecho.

(Sale Isacar.)

Isacar	Maravillas son notables.
Efraín	¿Es cierta la enfermedad de José?
Isacar	Venid, llegad, veréis cosas admirables, y veréis cómo no ha sido tanto el ver al Sol parado como en los tres, abreviado, todo el cielo repartido. Veréis glorias inmortales en una gloria sin pena y toda esta casa llena de lumbreras celestiales.

(Corren una cortina; aparece José en una cama, a un lado Jesús, y al otro, María.)

José	Dulce Hijo.

Jesús	Padre amado.
José	Tierna esposa.
María	Amable esposo.

José

Por vuestros amores muero,
abrasado el pecho todo;
pero, ¡qué mucho, Señor,
cuando te miro y te toco,
si de la divinidad
me enciende el fuego amoroso
y del Espíritu Santo
el viento lo enciende a soplos!
Que desta causa procede
mi calentura conozco,
y así, de ti enamorado,
muero contento y gozoso.
¡Qué dichosa enfermedad!

Jesús

Tanto cuanto tú dichoso,
pues yo con tantas ventajas
a tu amor te correspondo.

José

Ayudadme, esposa mía,
pues que vuestro pecho solo
puede agradecer por mí
estas mercedes que adoro.

María

Sintiera yo, esposo mío,
vuestra soledad, si el gozo
que miro en vos no me diera
glorias en lugar de enojos.

José	Solo una pena llevara,
	si favores tan copiosos
	no la impidieran en mí
	con tan divino alborozo,
	y es el no haberos servido
	tan puntual y tan pronto
	como me obligó la causa;
	pero de vos reconozco
	que para disculpas mías
	miráis mis deseos solos.
María	Con el mismo sentimiento
	quedara yo, si lo propio
	que vos propuesto me habéis
	no divirtiera mi enojo.
José	Ya parece que se acerca
	de mi trance venturoso
	el fin, mi Jesús querido.
	¿Cuándo bajaréis piadoso
	a librar los santos Padres,
	que yo, Señor, ya dispongo
	con ellos mis esperanzas?
	Y aunque os pedí temeroso
	de vuestra muerte la mía,
	tan nuevos alientos cobro,
	que ya agora la deseo
	para veros poderoso
	abrir las puertas del cielo,
	por donde quepamos todos.
Jesús	Presto será, José mío,
	el día que, prodigioso,
	logrando tantos deseos,

verás que la cárcel rompo
y hago un luminoso cielo
de un infierno tenebroso;
y tú, a todos preferido,
has de ver que no tan solo
tu alma bienaventurada
pero tu cuerpo glorioso,
subirá en mi compañía
a mi soberano trono.
Y agora, pues no es posible,
según el decreto heroico
de la muerte soberana,
llegar al celeste coro
ninguno, sin que primero,
para remedio de todos,
padezca yo en una cruz,
ya por honrarte dispongo
ejércitos infinitos
de mis ángeles hermosos
que hasta el limbo te acompañen
y, llevándote en sus hombros,
la gloria de mis alturas
te vayan cantando a coros.

José   Mi Dios dulce, aunque es terneza
sin necesidad, forzoso
es en mí que te encomiende
a mi esposa.

María   Tierna lloro;
no de pesar, de alegría.
¡Qué efecto tan milagroso!

Jesús   Mi madre queda conmigo;

	tú ve en paz.

José
                              Señor piadoso,
                tú con tus divinas manos
                cierra mis alegres ojos.

Jesús   Ya los cierro.

María   Espejos fueron
                para ejemplo de los otros.

José   ¡Qué gloriosa muerte siento!
                ¡Qué vida felice logro!

Enaín   Todos quedamos suspensos.

Abder   Todos quedamos absortos
                de ver el dichoso fin
                que tiene «El mejor esposo».

(Bajan ángeles con guirnaldas y palma, que la ponen en su cabeza, y corren la cortina.)

                Fin de la comedia

Libros a la carta

A la carta es un servicio especializado para

empresas,

librerías,

bibliotecas,

editoriales

y centros de enseñanza;

y permite confeccionar libros que, por su formato y concepción, sirven a los propósitos más específicos de estas instituciones.

Las empresas nos encargan ediciones personalizadas para marketing editorial o para regalos institucionales. Y los interesados solicitan, a título personal, ediciones antiguas, o no disponibles en el mercado; y las acompañan con notas y comentarios críticos.

Las ediciones tienen como apoyo un libro de estilo con todo tipo de referencias sobre los criterios de tratamiento tipográfico aplicados a nuestros libros que puede ser consultado en Linkgua-ediciones.com .

Linkgua edita por encargo diferentes versiones de una misma obra con distintos tratamientos ortotipográficos (actualizaciones de carácter divulgativo de un clásico, o versiones estrictamente fieles a la edición original de referencia).

Este servicio de ediciones a la carta le permitirá, si usted se dedica a la enseñanza, tener una forma de hacer pública su interpretación de un texto y, sobre una versión digitalizada «base», usted podrá introducir interpretaciones del texto fuente. Es un tópico que los profesores denuncien en clase los desmanes de una edición, o vayan comentando errores de interpretación de un texto y esta es una solución útil a esa necesidad del mundo académico.

Asimismo publicamos de manera sistemática, en un mismo catálogo, tesis doctorales y actas de congresos académicos, que son distribuidas a través de nuestra Web.

El servicio de «libros a la carta» funciona de dos formas.

1. Tenemos un fondo de libros digitalizados que usted puede personalizar en tiradas de al menos cinco ejemplares. Estas personalizaciones pueden ser de todo tipo: añadir notas de clase para uso de un grupo de estudiantes, introducir logos corporativos para uso con fines de marketing empresarial, etc. etc.

2. Buscamos libros descatalogados de otras editoriales y los reeditamos en tiradas cortas a petición de un cliente.

www.ingramcontent.com/pod-product-compliance
Lightning Source LLC
Chambersburg PA
CBHW021931040426
42448CB00008B/1017

* 9 7 8 8 4 9 8 1 6 8 0 6 8 *